これからの介護・福祉事業を担う経営"人財"

介護福祉経営士テキスト 実践編Ⅰ

介護福祉経営概論
生き残るための経営戦略

宇野　裕 編著

JMP 日本医療企画

● 総監修のことば

なぜ今、「介護福祉」事業に経営人材が必要なのか

　介護保険制度は創設から10年あまりが経過し、「介護の社会化」は広く認知され、超高齢社会の我が国にとって欠かせない社会保障として定着している。この介護保険制度では「民間活力の導入」が大きな特徴の1つであり、株式会社、社会福祉法人、NPO法人など多岐にわたる経営主体は、制度改正・報酬改定などの影響を受けつつも、さまざまな工夫を凝らし、安定した質の高いサービスの提供のため、経営・運営を続けている。

　しかしながら、介護福祉業界全般を産業として鑑みると、十分に成熟しているとは言えないのが現実である。経営主体あるいは経営者においては経営手法・マネジメントなどを体系的・包括的に修得する機会がなく、そのため、特に介護業界の大半を占める中小事業者では、不安定な経営が多くみられる。

　安定的な介護福祉事業経営こそが、高齢者等に安心・安全なサービスを継続して提供できる根本である。その根本を確固たるものにするためにも体系的な教育システムによって経営を担う人材を育成・養成することが急務であると考え、そのための教材として誕生したのが、この『介護福祉経営士テキストシリーズ』である。

　本シリーズは「基礎編」と「実践編」の2分野、全21巻で構成されている。基礎編では介護福祉事業の経営を担うに当たり、必須と考えられる知識を身につけることを目的としている。制度や政策、関連法規等はもちろん、倫理学や産業論の視点も踏まえ、介護福祉とは何かを理解することができる内容となっている。そして基礎編で学んだ内容を踏まえ、実際の現場で求められる経営・マネジメントに関する知識を体系的に学ぶことができるのが実践編という位置付けになっている。

　本シリーズの大きな特徴として、各テキストの編者・著者は、いずれも第一線で活躍している精鋭の方々であり、医療・介護の現場の方から教育現場の方、経営の実務に当たっている方など、そのフィールドが多岐にわたっていること

が挙げられる。介護福祉事業の経営という幅広い概念を捉えるためには、多様な視点をもつことが必要となる。さまざまな立場にある執筆陣によって書かれた本シリーズを学ぶことで、より広い視野と深い知見を得ることができるはずである。

　介護福祉は、少子超高齢化が進む日本において最重要分野であるとともに、「産業」という面から見ればこれからの日本経済を支える成長分野である。それだけに日々新しい知見が生まれ、蓄積されていくことになるだろう。本シリーズにおいても、改訂やラインアップを増やすなど、進化を続けていかなければならないと考えている。読者の皆様からのご教示を頂戴できれば幸いである。

　本シリーズが経営者はもとより、施設長・グループ長など介護福祉経営の第二世代、さらには福祉系大学の学生等の第三世代の方々など、現場で活躍される多くの皆様に学んでいただけることを願っている。そしてここで得た知見を机上の空論とすることなく、介護福祉の現場で実践していただきたい。そのことが安心して老後を迎えることのできる社会構築に不可欠な、介護福祉サービスの発展とその質の向上につながると信じている。

総監修

江草安彦
社会福祉法人旭川荘名誉理事長、川崎医療福祉大学名誉学長

大橋謙策
公益財団法人テクノエイド協会理事長、元日本社会事業大学学長

北島政樹
国際医療福祉大学学長

(50音順)

● はじめに

介護福祉経営というあいまいな事柄を解説する入門書として

　本書は、「介護福祉経営概論」というタイトルになっています。一見、どのようなことが書かれるべきなのか自明のようですが、よく考えると実はそう簡単ではありません。

　介護福祉と経営という言葉が直接に結びつけられていなすが、いきなり難関です。

　そもそも、介護福祉という言葉に多くの不明確さというか、あいまいさがあります。それは単に概念規定の問題ではなく、介護という行為そのものが持っている外延の拡がりに由来する本質的な事柄です。

　介護は家族も行っています。しかし、およそ経営という行為が成り立つには、経済行為として社会化されたものでなければならないはずです。それは介護サービスでしょうか。それとも介護福祉サービスでしょうか。福祉というからには何らかの公益性が求められるのでしょうか。介護福祉士が行うような専門性の高いサービスのことでしょうか。

　経営ということも、わかったようでわからないところがあります。介護福祉事業の担い手は実に多様で※、それらを経営主体と呼ぶとしても、すべてに共通する経営行動の存在を自明のこととして扱うには躊躇せざるを得ません。また、提供しているサービスの内容、種類、事業規模によっても、状況は異なってくるはずです。

　さらに、概論ですから、全体をバランスよく、簡易にわかりやすく解説することが期待されていると思います。しかし、あいまいさを内包した対象を簡単明瞭に記述することは容易ではありません。

　こうした課題に応えるためには、思い切った割り切りをするしかありません。むしろ、そうすることが複雑な現象を大筋で把握するという目的を叶える唯一の方法だと考えます。

　そこで本書では、介護福祉事業の伝統的担い手である社会福祉法人を主たる対象とし（NPO法人や医療法人等、その他の非営利法人については原則とし

※ 現在、介護保険給付を取り扱うことができる法人だけでも、社会福祉法人、医療法人、株式会社、有限会社、NPO法人、生協法人、農協法人等となっています。

て扱いません）、それとの対比で新しい担い手である株式会社等の営利法人にも触れながら、できるだけ一般性を持たせるように工夫しました。

　具体的には、まず序章で、介護福祉事業者を取り巻く最近の経営環境を確認した後、第1章で、端的に現在の経営課題は何かを明らかにします。第2章では、介護福祉事業者にそうした経営課題をつきつけることになった介護福祉サービス市場の状況把握を試みます。続く第3章では、経営行為を一般的文脈に位置づけ、理論的基礎を提供する経営学の成果を確認します。これらを踏まえて、具体的に経営戦略を組み立てていくのは読者の皆さんですが、最後の終章では、経営革新を敢行するために欠かすことのできない経営トップに求められる資質について問いかけます。

　実際の経営は、その経営体が提供しているサービスの内容、事業規模の大小、法人の形態等によって違ってきます。さらには、一つひとつの経営体ごとに事情はまったくと言ってよいほど違うでしょう。そうしたことに対応するにはさらに専門的な探求が必要となります。本書がそのための入門書となれば望外の喜びです。

宇野　裕

CONTENTS

総監修のことば……………………………………………… II
はじめに…………………………………………………… IV

序　章　介護福祉事業の経営環境 …………………………………… 1

1. 激動の経営環境とその要因 ……………………………… 2
2. 社会福祉法人の経営課題 ………………………………… 5
3. 営利法人の経営課題 ……………………………………… 8

第1章　介護福祉事業者が直面している経営課題 ………… 11

1. トップマネジメント機能の確立 ………………………… 12
2. 独自の経営戦略の構築 …………………………………… 18
3. 財務管理重視の経営 ……………………………………… 23
4. 利用者の満足を高める経営 ……………………………… 28
5. 人材を育てる経営 ………………………………………… 31
6. 経営資源を活用した新規事業の展開 …………………… 34
7. 認知症ケアシステムの構築 ……………………………… 37

第2章　介護市場をどう捉えるか ……………………………………… 41

1. 介護市場の類型 …………………………………………… 42
2. 介護市場の規模 …………………………………………… 46
3. 準市場としての介護保険市場 …………………………… 53

第3章　マネジメントの本質 ……………………………………… 69

1 介護福祉領域におけるマネジメント基礎理論………………… 70
2 マネジメントの基本…………………………………………… 73
3 マネジメントの推進に際して………………………………… 81

終　章　経営者に求められる資質 ………………………………… 85

1 経営者に必要な3つの事項…………………………………… 86

序　章
介護福祉事業の経営環境

1. 激動の経営環境とその要因
2. 社会福祉法人の経営課題
3. 営利法人の経営課題

1 激動の経営環境とその要因

1 市場の急速な拡大

　社会福祉基礎構造改革と介護保険制度の導入以降、介護福祉事業者を取り巻く経営環境は、まさに激動の時代に突入しています。

　なによりもまず、要介護者の急増に伴って、介護福祉サービス市場（以下、介護市場）が急速に拡大しています。言うまでもなく、その中核は、介護保険市場です。介護保険市場は、社会保険方式に基づき、定率の利用者負担が価格として機能することで成り立っている準市場ですが、保険料収入というニューマネーを導入したことで、要介護者またはその家族の購買力が実質的に高まるとともに需要に対応した供給の弾力性が増し、サービス消費量の飛躍的増加を実現しました。しかし、介護保険も公的制度である以上、基礎的ニーズを超えた需要に対しては対応しきれないため、それを埋める形で純粋な民間市場の形成が並行して進みました。さらにその隣接領域として、日常的な医療、各種生活支援サービス、住みやすい住居など、要介護者が普通に生活していくうえで必要なさまざまなサービス市場があり、これらも含めれば、その全体像は容易に把握できません。

　介護福祉事業者にとって、こうした状況は、第一義的には、さまざまな形態での成長を勝ち取ることができるビジネスチャンスを提供するものです。しかし、顧客獲得競争の激化など、対応を誤ると脅威ともなり得ます。

2 事業者間の競争の激化

　介護保険の開始に合わせて供給主体の多様化が図られ、社会福祉法人、医療法人のみならず、NPO法人さらには営利法人が多数参入し、今も参入を続けています。このことは、通常、規制緩和が行われたためと理解されており、それは事実には違いないのですが、より根本的には、介護福祉サービス自体の外延が拡がっているという特性に由来するところが大きく、このために隣接領域で活動していた事業者の参入が一気に進んだのです。例えば、高齢者向けの住宅に介護福祉サービスを外付けすれば、特別養護老人ホーム（以下、特養）と同じ機能を果たし得ますし、いわゆる社会的入院も、介護福祉サービスの代替が不適切な形で現れた現象といえます。つまり、介護保険市場には参入規制があったとしても、社会全体でみれば、需要がある以上、どこかでサービスが提供されることには変わりはないのです。

　また、公的福祉サービスの提供方法が措置から契約に転換され、要介護者またはその家族が消費者として行動するようになったことも競争激化の要因です。この点は、介護保険法から3年遅れて施行された支援費制度による障害者に対する各種サービスについても同様です。しかも、純粋な民間市場が成長を遂げており、消費者の選択の余地は一層拡がっているのです。

　一般に、競争はサービス向上や価格の低下をもたらすので、競争があることは消費者にとっては歓迎すべきことです。また、クレームは最大の報酬という言葉があるように、事業者にとっても、事業戦略を見直すきっかけとなり、将来の成長の糧となります。しかし、競争的市場は、自らの経営体質を改善することができない事業者にとっては、市場からの撤退を言い渡されることになるかもしれない厳しいものでもあります。

　加えて、介護保険市場では、サービスの対価が公定されているため、事業者独自の価格政策を採用する余地が基本的にありません。介護保

険市場にとどまる限り、初めから競争に用いることのできる重要な手段の一つを欠いているわけです。このことは、すべての介護福祉サービスが介護保険市場だけで供給されているのであれば、さしたる問題とはなりませんが、すでにみたとおり、現実は混合介護市場とも言うべき状況になっています。介護福祉事業者は、事業展開をしている市場の特性に応じて競争戦略を選択しなくてはならない訳です。

3 介護人材の獲得競争

　介護市場の急速な拡大と事業者間の競争の激化は、介護人材の獲得競争を誘発しています。しばしば「人財」と呼ばれるように、どの産業でも、人材は最大の経営資源ですが、ヒューマンサービスを商品としている介護福祉事業にとって、決定的に重要であることは論を俟ちません。人材を確保するための最も単純な方法は賃金を上げることですが、さまざまな制約があり、その財源を調達することは容易ではありません。それでも、これまで何とかなってきたのは、総じて近年のデフレ経済下で進行した一般産業の賃金低下に助けられた面が大きく、介護福祉事業者が自らの努力で安定的なモデルを確立したと言える状態ではないと考えられます。

　これらの課題にどう対応していくかは、それぞれの経営体の理念や目的、組織的特性などによってかなり違うと考えられますが、本書では典型例として、公的介護福祉サービスの伝統的担い手である社会福祉法人と、介護保険の開始以来、進展著しい営利法人を取り上げて、見取り図としたいと思います。

2 社会福祉法人の経営課題

1 経営環境の激変

　社会福祉の基礎構造改革で一番大きな影響を受けたのは、言うまでもなく、それまで公的介護サービスをほぼ独占していた社会福祉法人でした。参入が規制されている特養等はともかく、在宅サービスについては、利用者の獲得競争にさらされることとなり、多くの社会福祉法人が撤退ないし事業の縮小を余儀なくされています。特養等においても、サービス内容が吟味されるようになり、食費や住居費の引き下げ圧力が働いていますし、特定施設の指定を受けている有料老人ホームとは、事実上かなりの部分で競合しており、安閑（あんかん）とはしていられません。また、これまでは民間法人との競争に注目が集まっていましたが、今後は医療法人が多く参入してくることが予想されます。介護と医療の連携が進むことは、利用者にとって福音ですが、事業者サイドからみれば、とりもなおさず事業領域の境界がなくなりつつあることを意味しています。

　こうした状況にあるにもかかわらず、大きな問題として表面化しないのは、介護施設の供給が絶対的に不足しているという市場の条件によるところが大きいと考えられます。しかし、その状況がいつまでも続くとは限りません。実際、一部の地域では需給が均衡しつつありますし、在宅介護、在宅医療重視の国の政策が浸透すればするほどこの傾向は強まるでしょう。

　それでも、施設サービスに対する需要がなくなることは考えられません。特に、特養は、人間の生存に必要な介護、食事、住居の提供が

セットになって常時行われているのですから、安心感も含めたサービス水準は非常に高いのです。また、介護保険では在宅サービスに分類されているデイサービス（通所介護）も施設なくしては提供し得ず、求められているサービス内容からみても、宿泊を伴わない施設サービスと理解すべきです。

2 事業存続のための経営知識

　ところが、こうした施設を伴う介護サービスの経営には、特段の経営知識が必要になっています。措置の時代には、施設整備についても手厚い公的助成がありましたが、介護保険に移行してこれが費用化され、さらに公的助成が公共スペースに対するものだけに大幅に縮小されたため、大部分は、住居費等として利用者に負担を求めるか、介護報酬から捻出しなければならなくなったからです。先行投資をして後に回収するというごく普通のこと（営利法人は当然、医療法人でもそうしてきている）ではあるものの、長い間、事業開始時の補助に慣れてきた社会福祉法人にとっては、チャレンジであることに変わりはありません。特に、重装備の施設を要するところは、長期の財政見通しをしっかりと持つ必要があります。

　社会福祉法人が、社会福祉事業の一角をなす公的介護サービスの提供を事業の中心に据えることは、法人の設立の目的から当然のことです。しかし、公的制度である介護保険には自ずと財政制約があり、一方で要介護者は急増していますので、公平性の確保の観点からも個々の給付が抑制されることは確実だとみておく必要があります。介護報酬も、下がることはあっても大幅に上昇することは期待できそうにありません。むしろ、介護報酬は政策誘導のための手段でもありますから、政策の方向に沿ったサービスは上がり、そうでないものは下げられることになるでしょう。こうした不確実性があることの方が、安定的経営への影響という点では大きいとも言えます。

いずれにせよ、介護保険に過度に依存した経営はリスクが大きいことは今や明白です。社会福祉法人といえども、新しい経営方法や経営の多角化を図らなければ存続は難しい状況に直面しているのです。

3 営利法人の経営課題

1 拡大するビジネスチャンス

　営利法人にとっては、3つの領域がビジネスチャンスとして開かれています。
　第1は、介護保険の給付対象となる介護サービス。現在は在宅サービスに限定されていますが、将来の制度変更の可能性は排除されていません。
　第2は、ホームヘルプ等介護保険と同じサービスですが、給付限度を超えている等のために全額自費負担で補完的に利用される介護サービス。社会福祉法人が行うことも当然できますが、現時点では、民間事業者の方がはるかに習熟しており、今後もその強みを生かしていくことができるマーケットです。
　そして第3は、介護保険の外側にあるものの、介護に関連するさまざまな生活支援サービスです。営利法人にとっては、こちらが伝統的なマーケットであり、優位性は揺るぎません。
　営利法人は、介護市場以外にも足場を築いており、一般的に介護保険依存に伴う経営リスクは低いと言えます。しかし、問題はそれほど単純ではありません。営利法人がこれほどまでに健闘できているのは、介護市場への参入が認められたこととともに、介護保険が需要を掘り起こし、民間市場での需要も喚起していることを忘れてはなりません。介護福祉サービスは、医療サービスと異なり、措置の時代から営利法人でも行うことができたのですが、全額自己負担ではまとまった需要にはならなかったのです。その意味で、営利法人も介護保険制度の存

在に依存するところが大きいのです。

　現在でも、介護保険給付を補完する介護サービスは、基本的に同じ内容のサービスであるのに利用者の負担は10倍となります。このため、利用者側に経済力が必要になるだけでなく、経済力があっても、割高感から購入を控えることは避けられません。このことは、相当の付加価値を付けないと意味のある規模の収益源に育っていかないことを示唆していると思われます。

2 企業倫理の保持

　また、在宅サービスは基本的に設備投資が少なく、商圏も狭いので、参入障壁が低く、過当競争になりがちです。特に小規模経営ではNPO法人などとも競合します。いかにしてサービスの差別化を図るか、あるいは効率化や規模の利益を発揮するかが課題になるでしょう。

　特定施設の指定を受けた有料老人ホームは、介護保険で給付される介護サービス、介護保険給付を補完する介護サービス、介護関連のさまざまな生活支援サービスを提供できる事実上の施設サービスですが、概して初期投資がかさむため、その回収が課題となり、また、入居者の長生きに伴うリスクを抱えています。終身介護を謳った有料老人ホームでトラブルが絶えないのもこのためです。

　こうしたことが、営利法人にとっては企業倫理の保持がもう一つの課題であることを明らかにします。誤解のないように申し上げておきますが、営利法人は倫理上の問題を起こしやすいとか、社会福祉法人だから倫理上の問題がないというのではありません。不届きなことをする組織は、どの世界にも存在します。しかし、国や地方自治体の監査を定期的に受ける社会福祉法人は、社会福祉法人であるということだけで一定の社会的信用が得られているのに対し、自力で信用を獲得する必要がある営利法人がひとたび信用を失墜させるような行為を行うと、再び信用を回復することは容易ではありません。残念ながら、

私たちは、それが経営の究極の失敗、すなわち倒産につながってしまった実例を多々知っています。

第1章
介護福祉事業者が直面している経営課題

1. トップマネジメント機能の確立
2. 独自の経営戦略の構築
3. 財務管理重視の経営
4. 利用者の満足を高める経営
5. 人材を育てる経営
6. 経営資源を活用した新規事業の展開
7. 認知症ケアシステムの構築

1 トップマネジメント機能の確立

1 トップマネジメントが果たすべき機能

　介護福祉経営に限られるわけではないのですが、経営は経営体が長期に生き残るための実践です。いくら立派な施設、よい介護サービスを提供していても、経営体が消滅してしまっては意味がありません。長期にわたる基本方針を策定し、それを実現するための経営戦略の構築と実践をリードしていくのが、トップマネジメント機能であり、取締役会、理事会等の機関と社長、取締役、理事長、理事等の経営者層によって、その役割が果たされることになります。

　ピーター・ドラッカーはトップマネジメントの機能として次の点を挙げています（『マネジメント［エッセンシャル版］──基本と原則』、ダイヤモンド社）。

・事業の目的を考える…「我々の事業は何か。何であるべきか」
・基準を設定する…「組織全体の規範。価値基準」
・組織の構築と維持…「組織全体の精神。組織構造の設計」
・渉外…「顧客・取引先・金融機関・労働組合・政府関係」
・儀礼的役割
・重大な危機に際し、自ら出動するという役割

　また、その役割を担う経営者層は、各種の能力、性格を必要とし、「考える人」「行動する人」「人間的な人」「表に立つ人」でなければならないと言われています。

2 介護福祉事業におけるトップマネジメント機能

　介護福祉事業のトップマネジメント機能は、次のようにも指摘されています。

（1）利害調整機能

　その1は、「利害調整機能」であり、従業員や福祉サービス利用者とその家族および地域社会等との利害を調整しなければなりません。経営の健全な成長のために必要な利益を確保し、従業員に対しては雇用の安定と適正な報酬の支払い、利用者とその家族に対しては量・質ともに高い福祉サービスを提供し、そして地域社会の発展と融和や協調等、多数の利害調整を図っていく能力が求められます。

（2）管理機能

　その2は、「管理機能」であり、次に掲げる内容になります。
- 介護事業者が到達すべき位置を明確化することによって、経営のすべての方針・計画・実施に対して方向性を与えます。
- 経営体が保有している経営資源を有効に活用して実践するための方向性を与えます。
- 目標達成のために、組織構成員を効果的に編成し、最強の組織にします。
- 職員の能力に合った適切な地位・配置を指示し、組織力の向上を図ります。
- 責任と権限を部下に委譲していくための手段や方法をあらかじめ決定します。

　責任や権限の委譲は、経営体の規模や経営者層の知識や能力によって異なりますが、部下に対する「まる投げ」ではさまざまな問題が生じます。特に金銭に関する部分は慎重にすべきです。
　そして、株式会社であれ社会福祉法人であれ、経営体が異なってい

ても経営者層はその役割の裏に法律的、経済的および道義的責任のあることを認識しておかなければなりません。介護福祉経営にはさまざまなリスクが生じますが、これによって発生する損害・賠償は、当然、経営機関、経営者層に責任が生じることになります

3 トップマネジメント機能の脆弱性と要因

(1) 措置制度下の経営モデルから脱却できない

　しかし、わが国の現状においては、これら経営機関、つまり取締役会や理事会が形骸化していて、最高意思決定機関としてトップマネジメント機能を果たしていないケースが多いのです。

　介護福祉市場で中核をなしている社会福祉法人には、2000（平成12）年に旧社会福祉事業法が全面改正されて新たに施行された社会福祉法の第24条で、「社会福祉法人は、社会福祉事業の主たる担い手としてふさわしい事業を確実、効果的かつ適正に行うため、自主的にその経営基盤の強化を図るとともに、その提供する福祉サービスの質の向上及び事業経営の透明性の確保を図らなければならない」という経営の原則が明文化されました。いわば社会福祉法人における経営元年ということができます。この原則に適応するために一歩踏み出している法人もありますが、大半は旧措置制度時代そのままの施設管理のみに重点を置いた経営が続いていて、激変する環境に対応するトップマネジメント機能の弱さが危惧されています。

　旧措置制度下での社会福祉法人の経営モデルは篤志家の寄付がスタートとなり、その家族の献身的な労働が支えとなってきたもので、それに加えて補助金による施設建設等、公的な助成と行政の規制の上に、零細規模で画一的な介護サービスが提供されていました。経営体全体を考えた介護福祉経営は存在せず、介護福祉サービスの提供管理のみでした。過去に出版された福祉関係書には「経営とは金儲けや搾取であり、管理とは自主性の疎外や統制であって、経営管理とは利益

を追求するための働き……」と書かれていて、措置から契約へ変換されたにもかかわらず、頭の切り替えが介護現場になかなか浸透できなかったことがうかがえます。

(2) 同族的経営の弊害

また、社会福祉法人のトップマネジメント機能弱体性の大きな原因として同族的経営があります。2011（平成23）年3月に東京都社会福祉法人適正化検討会が提出した「社会福祉法人の経営適正化に向けて」と題する報告書においても、同族経営の課題として、理事会の形骸化、監査機能の低下、法人財産の流用、主要ポストの親族独占、人材育成の遅延、親族間の内紛、後継者の能力不足等を指摘しています。

これらの社会福祉法人の現状に対し、2006（平成18）年、社会福祉法人経営研究会がまとめた「社会福祉法人経営の現状と課題」によると、基本的方向性として、次の諸点を挙げています。

- 効率的で健全な法人経営を可能とするシステム（ガバナンス）の確立が不可欠。
- 理事会は名目的な機関ではなく、法人の執行機関として機能し、経営能力を向上させること。そのためには法人本部の機能強化とともに経営管理部門や事業部門などの中核を担う中間管理職層の育成や確保が必要。
- 社会福祉法人が公益性の高い法人として社会からの信頼を得るためには、民間企業以上に社会的ルールの遵守（コンプライアンス）の徹底と説明責任（アカウンタビリティ）を果たしていくこと。
- 監事を始めとする法人内部のチェックシステムの確立や情報公開・情報提供の取り組みの強化が必要。

そして、理事・監事の人選については極力名目的な人事を排し、法人の経営に実質的に参加できる者の選任を強く求めています。しかし以上の事項は「言うは易し、行うは難し」であり、理事会を構成する者たちの同族関係は依然存在しています。まずは理事長が社会福祉法人の使命と真の経営を求め、同族の鎖を断ち切ることが重要であると

言えます。

　一方、第二種社会福祉事業や特定施設分野（有料老人ホーム）で主導権を握りつつある大資本企業においても、トップマネジメント機能の問題は種々存在しています。異業種から参入した経営体に多いのですが、過去の業態感覚のまま、社会福祉の理念を無視した利益追求型の経営を続けているケースがみられます。また、会長や社長が取締役や監査役の人事権を持ち、その人事権を武器に取締役会を形骸化し、トップマネジメント機能を喪失させている場合が往々あります。

4　トップマネジメント機能を確立するために

　『ゼミナール経営学入門』（伊丹敬之、加護野忠男著、日本経済新聞社）では、「経営体のガバナンスに関するジレンマが生じる」ことについて次の点について具体的に指摘しています。

・一部上層経営者に権力が集中し、その暴走に歯止めがかからず、危機的状況に陥り、最悪企業崩壊につながるケース。
・上層経営者の経営方針に対する牽制が効かないために社会的な倫理に反するような企業行動がとられてしまうケース。
・内部から昇進してくる過程で、角のない凡庸な人が経営者に選択され、その結果としてリーダーシップが発揮できなくなったケース。
・上層経営者の地位が順送りになっていて、企業としての必要なアクションが先送りとなって、経営刷新及び長期的な対応が遅れてしまうケース。
・同族の中から選ばれた経営者が、企業のリーダーとして適任ではないとわかった場合でも、このような経営者を解任する手段がないために、企業の事業が低迷したり活力が低下したりするケース。

　近年、話題となった、コムスン介護報酬不正請求事件、オリンパス不正経理事件、大王製紙巨額借入事件などは、これらのいずれかのケースに当てはまるようです。主として有料老人ホーム分野に積極的に進

出している創業者系の企業には一部の上位経営者に権力が集中し、前述のようなジレンマに陥る傾向があるようです。

　結論として、介護福祉経営において最大の課題は、トップマネジメント機能の確立です。これが勝者と敗者の分岐点となり、確立できないところは早晩市場から撤退することになるかもしれません。

2 独自の経営戦略の構築

1 介護福祉事業における経営戦略

(1) 戦略の見取り図

　介護福祉経営は、一般企業以上に種々の経営課題を抱えています。介護福祉事業は、基本的に制度ビジネスであり、人的資源重視の要請の下で、安定した経営を行うには、大変な困難が伴います。それを乗り越えて、介護福祉事業の経営を行っていくには、介護福祉事業の特殊性を踏まえ、自経営体の強みを生かした経営戦略を持つ必要があります。

　介護福祉経営の戦略の見取り図を**図表1-1**に示しました。内外環境の変化の認識に立って、経営理念・目標・方針の設定、経営計画の策定、経営組織の編成、要員の適正配置、計画の実行、計画の統制等々、経営全般にわたって総合的かつ構造的でなければなりません。

(2) 6つの基本的要件

　中でも、最も重要な経営体の理念・目標・方針の設定に当たっては、介護福祉経営の基本的要件である6つの要件をバランスよく調和させることが必要です（**図表1-2**）。

・**社会性**…介護福祉を主な事業とする経営において、社会に貢献し、そのことが社会的に受け入れられることが必要です。
・**人間性**…介護福祉が人間を対象とするヒューマンビジネスであり、人間の生命、安全、尊厳、幸福を守ることが使命である以上、最も重要な項目です。経営とは人間関係管理であると考えられています。

図表1-1 ●介護福祉経営戦略とリスクマネジメント

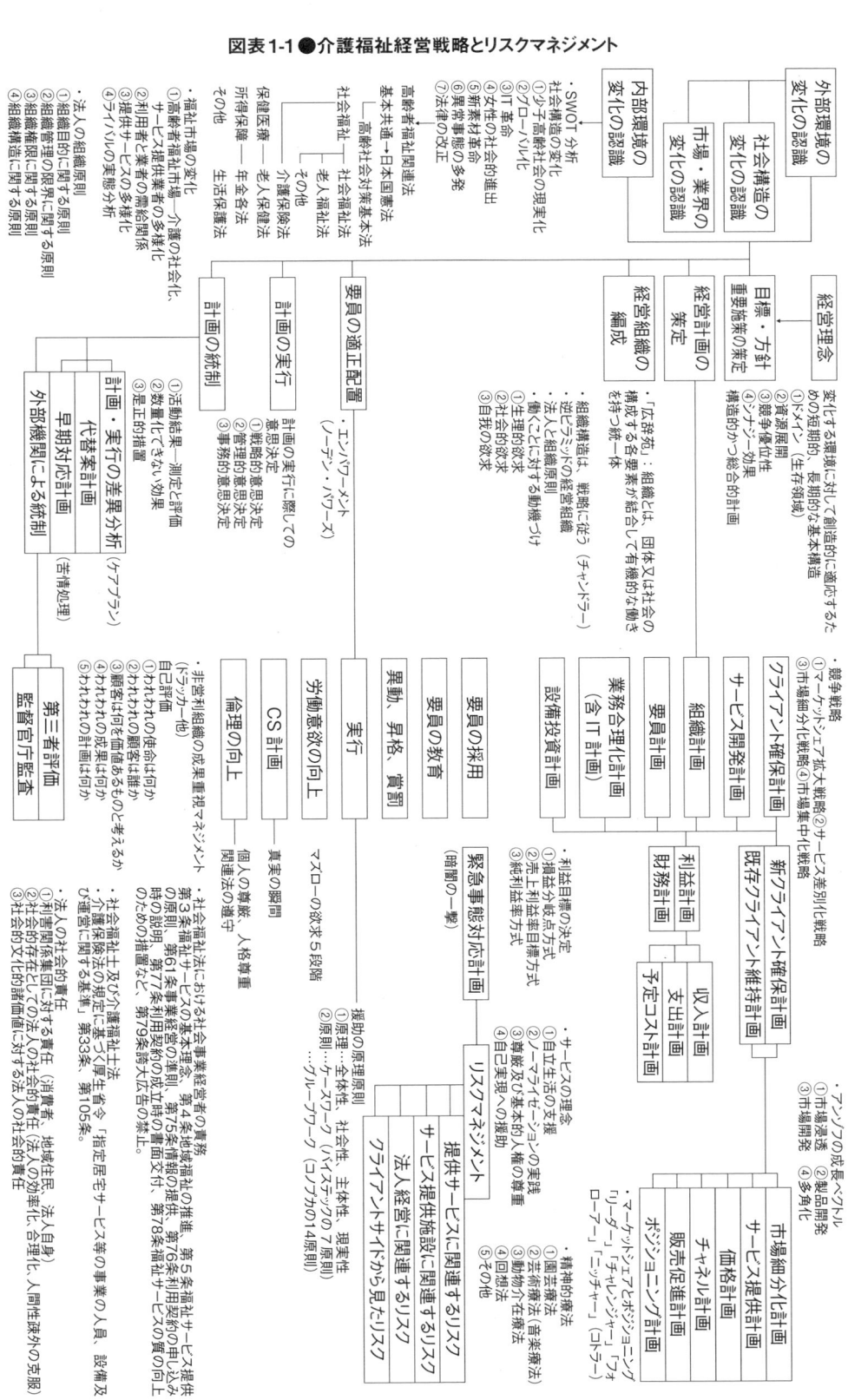

資料：栗原徹著、『革命的福祉経営戦略』、文芸社

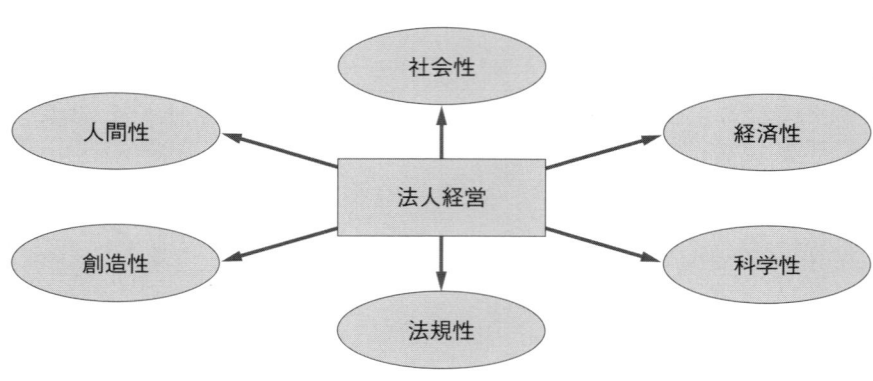

図表1-2 ● 経営における必要要件

```
        社会性
          ↑
人間性 ← 法人経営 → 経済性
創造性 ←         → 科学性
          ↓
        法規性
```

資料：栗原徹著、『革命的福祉経営戦略』、文芸社

つまり、「利用者およびその家族との人間関係」「スタッフ間の人間関係」「経営者・管理者・スタッフの人間関係」等、個々の関係性を調和して、総合的な人間関係をどのように管理するかが重要です。

・**創造性**…わが国の介護福祉においては、日本の歴史や習慣とは関係なく、輸入知識によるケア中心の理念と実践が柱となってきました。経営の理論と実践の観点からみることもなく、画一的、硬直的に推移してきて、あまり創造性の入り込む余地はなかったようです。今後はケアの技術のほかに、経営全般にわたって、創造性を重視した経営イノベーションが急務と思われます。

・**法規制**…高齢者福祉分野においても多くの法令、規則、省令、通達、通知のほか、経営に関する法律は数多く存在しています。規模の大小にかかわらず、守らなければならないものが多くありますが、小規模の法人等ではこれらの知識に欠けていて、驚くような経営も散見されます。人命に関わるものなどについては無視すべきものではありません。

法規制に関しては、次のような法律が経営に深く関わっていますので、必読すべきです。

・経営全般（日本国憲法、高齢社会対策基本法、社会福祉法、老人福祉法、介護保険法、自立支援法、商法、民法、NPO法）
・利用者（消費者基本法、消費者契約法、高齢者虐待防止法、個人

情報保護法、年金各法、医療保険各法、生活保護法、福祉用具法）
- 職員（社会福祉士及び介護福祉士法、介護人材確保法、労働基準法、雇用契約法、労働安全衛生法）
- 施設（食品衛生法、消防法、建築基準法）

・**科学性**…福祉サービスの中心は人力によるケアであるため、科学性をもったシステム化の考え方が欠けているように思います。福祉サービスをシステムとして捉える医学、薬学、化学、工学、物理、心理、統計等、関係領域を結びつけた研究とそのシステムが望まれます。例えば認知症の場合、従来は福祉を中心にケアを進めてきましたが、これからは福祉、医療、薬学、工学等を統合した認知症対応システムを科学的観点で開発していく必要があります。

・**経済性**…従来の福祉で最も敬遠されてきたのがこの問題でした。経済性を考える際には、財務会計的見地（採算性）と管理会計的見地（戦略性）の両面から見る必要があります。また業務費用の効率性の観点からの分析も必要と思われます。

2 介護福祉事業の特殊性

次に、介護福祉事業の特殊性として、日本福祉大学教授の関口和雄氏は「制度ビジネス、ヒューマンビジネス、多元的な目的の追求、社会資源への依存性、人的資源の重視」と述べています（『福祉研究95』、日本福祉大学）。さらに日本社会事業大学専門職大学院特任教授の田島誠一氏は「欲しくて求める商品ではない、情報の非対象性の存在、サービス需要の背後にある問題こそ重要、公共性と継続性が強く求められている」と指摘しています（『社会福祉法人の経営改革』、社会保険研究所）が、これらを踏まえた戦略であることが必要です。以下に関口氏が指摘する介護福祉事業の特殊性の内容を詳しく解説します。

・**制度ビジネス**…介護福祉事業の経営は、その大半が介護保険をベースにしているので、経営の全般にわたって介護保険制度の影響を受

けることになります。特に制度改革や報酬改定など制度的環境変化は経営に大きな影響を与えます。

- ヒューマンビジネス…介護サービスは人と人との相互作用によって成り立っています。一般に言われているように、商品やサービスの質を確保するのと同じ方法を用いるだけでは上手くいかない場合が多く、むしろサービス提供者とサービス利用者との人間関係がその良否を決めることがままあります。
- 多元的な目的の追求…介護福祉事業の経営は措置的対応を一部残す介護保険制度下で、公共性や地域社会への貢献が求められる一方で、市場競争に耐えられるだけの効率化を図り、提供する介護サービスの向上および事業経営の透明性の確保に努めなければならないなど多元的な目的追求に努力を要することになります。
- 社会資源への依存性…本来、高齢者福祉は、利用者およびその家族と経営体や行政機関、地域社会等が有機的に結合して利用者の支援を行うのが原則です。各種の社会資源は高齢者福祉の質の向上のためにも、またそれを行う経営体の効率化や健全経営のためにも重要な要素です。特に併合疾病を持つ高齢者を対象とする高齢者福祉においては、医療機関との連携は欠くことができません。
- 人的資源の重視…介護福祉事業はヒューマンビジネスであり、その良否はすべて人間にかかっているといっても過言ではありません。従事者は社会福祉士、介護福祉士、ホームヘルパー、ケアマネジャー、看護師、理学療法士、作業療法士といった専門職の集団ですから、これらの人たちが経営体の理念や経営戦略にどれだけ有機的につながって、挑戦してくれるかが経営の大きな要素となります。

3 財務管理重視の経営

1 適正利潤に対する意識改革

　介護福祉事業の分野ではこれまで金勘定を忌み嫌う風潮がありました。それは2000(平成12)年の改正に至るまで、この分野で多くを担ってきた社会福祉法人の会計基準に、資金収支計算書は存在していましたが、一般企業の損益計算書に該当する事業収支計算書が存在しなかったことに大きな理由があったと考えられます。

　介護福祉経営は、その事業が公共性や社会性が強く、制度ビジネスに留まる限り、収益性は低いことから、たとえ営利法人が行おうとも、一般産業のように利益追求型にはなり得ないと思いますが、利益を出してはならないということではありません。

　公益性の高い社会福祉法人でも貨幣経済の一主体である以上、適正利潤を得て、諸々の支払いや減価償却費等を賄わなければ、法人の財産を食いつぶして、やがては支払い不能や建物の再建築ができず、事業の継続が不可能になってしまいます。しかし補助金、交付金をベースに建物を建築し措置費を収入とした経営に慣れていた社会福祉法人等においては、未だに適正利潤の認識や財務管理の重要性を理解してないところも多いようです。零細資本の民間企業やNPO法人等でも同様の傾向がみられます。まず、ここのところの意識改革がなされないと、その先へは進めません。

2 求められる財務管理

（1）経営状況を把握する

　財務管理は、事業経営の効率性の状況を適切に把握し、組織の経営目的を実現するために財産や債務の残高や収支をコントロールするものです。会計管理（財務会計、管理会計、財務分析）と資産管理（現金、資金管理、設備投資管理、資本調達運用管理）の2種類の管理から構成されています。

　また、財務管理は利用者に対する経営状況に関する情報提供を目的としても行われます。社会福祉法人では利用者に対する情報提供が義務づけられていますし、営利法人も資本金の規模に応じた情報提供が求められています。利用者の意識も高まっており、特に、有料老人ホームの入居に際し、財務関係書類を要求する利用者が増えてきています。

（2）財務分析の主要項目

　これからの介護福祉経営には、経営戦略を数字化した会計管理の確立が求められています。その中で、財務分析は経営の状況をトータルに知るための最も身近な手法であり、主要な項目としては次のようなものがあります。

・**機能性**…事業活動収入の基礎となる施設の機能やサービスの内容を把握。

・**費用の適正性**…良質なサービス提供に必要な支出が行われているか、また冗費が生じていないかを把握。介護福祉経営においては、必ずしも費用が安ければよいというものではなく、費用は経営体の理念や経営戦略とも関係していて、一概に他経営体との比較ができない場合もあります。

・**生産性**…施設の人数や設備が十分に活用され、それに対応した収入を得ているかを把握。その数字は、経営体の顧客確保のマーケティング力の強弱によることが大きいので、分析には注意が必要です。

- **安定性**…一般企業では安全性という言葉が使われています。短期の支払能力や純資産の充実度状況を見ることによって、安定した施設の財務基盤が確立しているかどうかを把握。社会福祉法人の経営においては、貸借対照表上の現預金、有価証券投資、積立金、引当金等に注目する必要があります。
- **収益性**…事業に投下された資本や事業に対する収入の効率性を把握。介護福祉経営においては公共性、社会性を考慮し、必ずしも高収益を追及するものではないのですが、最低でも再生産コストが確保できる収益が必要です。

財務分析では、一般的には比率分析が使われます。しかし、自経営体の過年度にわたる比較や、ベンチマークとなる同種他経営体および業界平均との比較を通して、自経営体の問題分析を行うことが大切です。なお、比率分析や他経営体との比較においては、経営理念、経営戦略、経営資源等、諸数字の前提となる事項も考慮して検討する必要があります。

3 資産管理の課題

一方、資産管理については、設備投資管理、資本調達運用管理が重要な課題となります。前述の「2 社会福祉法人の経営課題」（5〜7ページ参照）で指摘している介護福祉施設の建設コストに対する公的補助の縮小や政策金融の見直しも大きな問題となります。過去に寄付と補助金および政策金融で施設建設をし、2000（平成12）年の会計基準変更によって初めて減価償却制度を導入した社会福祉法人では、依然として補助金依存の経営体質が残り、建設コスト確保のための適正利潤の追求が必要であるとの認識が十分にいきわたっているとは思えません。

また減価償却は行っていても、その累計金額が人件費等に流用され、蓄積されていない法人もあるようです。これでは施設の再建設時に金

融機関からの借り入れが必要となり、それが困難な場合は事業の継続が難しくなります。

　資金調達運用の面では、社会福祉法人は独立行政法人医療福祉機構以外に、民間金融機関からの借り入れの経験が乏しいので、担保物件との関係等で問題が生じることもあります。

　有料老人ホーム分野へ進出している一般企業でも、最近入居一時金が廃止の方へと進んでいて、大きな資金負担をどうするかの問題も生じています。

4 サービス原価の明確化

　財務管理重視の経営をより強く進めていくうえで、避けて通れない課題が「介護サービス原価」の問題です。支出は、一般的に費用管理をベースにしていますが、制度ビジネスとしての介護福祉経営では、限られた収入をどれだけ効率のよい労働力と費用で稼ぎ出すかの観点が重要となります。そのためには、種々の介護福祉サービスについて、介護スタッフの時間分析を通じ、その原価を明らかにする必要があります。

　「サービス原価」の計算は、工業生産物とは異なった性質、つまり無形性、同時性、変動性、消滅性を持っていて、原価概念になじまないものとして、今まで導入されてきませんでした。しかし、最近になって「活動基準原価計算（ABC：Activity Based Costing）」が提唱され、サービス分野でも、この手法が取り入れられるようになり、また医療分野でもこの手法で医療原価の明確化や原価計算が重要視されるようになってきました。

　介護サービスは医療サービスに近く、原価計算の手法を採用することが可能な時代になってきました。むしろ、サービスの特性や会計的見地の問題は残るにしても、競争市場化した介護福祉分野で経営を意識した時、経営を支えるツールとしてサービス原価の概念の明確化と

その計算体系の確立は重要な意味を持つと考えます。
　また、介護報酬は国の予算ありきで決定され、現場での実態にそぐわないと感じられます。介護サービスの原価計算を行っていれば、介護報酬と自経営体の介護サービスの実際コストとの差額を把握でき、理論的根拠を持って、介護報酬の改悪に対するソーシャルアクションを展開していくことが可能です。

4 利用者の満足を高める経営

1 サービスの質を向上させる責務

　介護福祉事業は、介護サービスという商品を扱う以上、サービスの内容や質を不断に向上させていくことが経営上の優先課題になります。このことが、法律に基づく責務となっているところに、一般産業とは異なる特殊な状況があります。

　サービスの質を向上させる責務とは、社会福祉法第3条（福祉サービスの基本理念）に、「福祉サービスは、個人の尊厳の保持を旨とし、その内容は、福祉サービスの利用者が心身ともに健やかに育成され、又はその有する能力に応じ自立した日常生活を営むことができるように支援するものとして、良質かつ適切なものでなければならない」としたうえで、第5条（福祉サービスの提供の原則）には、「社会福祉を目的とする事業を経営する者は、その提供する多様な福祉サービスについて、利用者の意向を十分に尊重し、かつ、保健医療サービス、その他の関連するサービスとの有機的な連携を図るよう創意工夫を行いつつ、これを総合的に提供することができるように、その事業の実施に努めなければならない」と規定しています。この規定は「社会福祉を目的とする事業を経営する者」を対象にしているので、株式会社やNPO法人等にも適用されます。さらに第78条では、社会福祉事業の経営者（社会福祉法人）に対しては、具体的に質の向上のための措置を求める一方、国がこれを援助することも定めています。

2 サービスの質を規定する要素

（1）利用者との接点

　サービスの質を規定する要素には、介護人材的要素、物理的環境要素およびサービスの提供過程的要素があり、これらが有機的に結合した結果として、質が決定され評価されます。利用者を満足させる質の要素は、提供する人、場所、タイミングなどさまざまであり、何をもって満足を得たかを知ることは、なかなか困難です。この問題は、利用者との接点において発生する場合が多く、ここで重要な意味を持つものとして「真実の瞬間」（カール・アルブレヒト著、『見えざる顧客』、日本能率協会、29～34ページに詳しい）に対する感性を磨くことが大切であることを伝えたいと思います。

　通所介護の1日は「送迎サービス」から始まり、「介護サービス」「食事サービス」「入浴サービス」そして「送迎サービス」で終了します。それぞれのサービスの中に数多くの利用者との接点がありますが、例えば、初めて送迎に行った際、危険な場所に停車して利用者を迎えたら、利用者や家族はどのような印象を持つでしょうか？　多分、「この施設は利用者に対して、十分に気を遣った介護をしてくれるだろうか」という不安を持つに違いありません。最初のたった一つの悪い印象のために、その後、どんなに質の高い「介護サービス」や「入浴サービス」を提供しても、施設全体のイメージ、評価を変えることは困難です。この点で言うならば、送迎要員の質がサービスの質を決定したことになります。サービスの質を守り、向上させることは、利用者との接点、その時が常に「真実の瞬間」となることを知ってもらいたいと思います。

（2）暗黙知と形式知

　またサービスの質に関してよく言われる「暗黙知」から「形式知」への移行も大きなポイントとなります。「暗黙知」は、知識とかノウハ

ウといった目にみえない価値、特に知識を資源として、これらの獲得、創造、活用、蓄積等を通して、継続的な改善や改革と価値創造を促進していこうとする考え方です。一方「形式知」は、業務標準やマニュアル、手順書といった言語化や文書化された知識のことを言います。

　実際の介護の現場では、「形式知」だけでは対応できない、むしろ形式化されていないノウハウや知恵等の経験知が多いものです。特に、認知症ケアの介護現場では、時を待たず変化する高齢者の状態に対応するためには、「暗黙知」が大きな武器となります。しかし「暗黙知」は主観的知識であり、それを形式知化するには大きな困難を伴うことが、今後の重要な課題でもあります。

5 人材を育てる経営

1 良好な人間関係の構築

　度々述べているように、介護福祉事業はヒューマンビジネスであり、人材資源を重視しています。ここでは人間関係管理が重要な要素となります。もちろん、利用者定員に対応した要員数や資格保有者の量の確保は重要なことですが、介護福祉経営には、利用者および家族と法人・スタッフとの人間関係、法人内の上司と部下との人間関係、スタッフ同士の人間関係、地域との人間関係、行政との人間関係等多くの人間関係が存在し、その人間関係を総合的にどう管理するかが大きな問題となります。この人間関係管理の良否が、介護福祉経営のポイントであり、その意味では要員の資質は特に重要になります。

2 介護要員の資質

　介護要員の資質については、社会福祉士、介護福祉士、看護師等の資格は必ずしも万能ではなく、要員個々の人間性と社会的常識が大きな要素となると考えられます。また介護スタッフには、働く場所、例えば特別養護老人ホーム・認知症対応型共同生活介護（グループホーム）・通所介護・施設等によってそれぞれに異なった資質が求められます。

　例えば、グループホームのスタッフについて、『グループホーム読本』（外山義著、ミネルヴァ書房）は、次のようなポイントを挙げています。

●グループホームに向く人
・ゆったりとしたペースの静かな生活を心地よいと感じられる
・おっとりとして、動きがゆるやか
・中等音の穏やかな声でゆっくりと話す
・謙虚であり人の話や動きを穏やかに待てる
・じっくりと相手のペースにそえる
・認知症でも一人の年長者として尊敬できる
・一人ひとり人間性を大切にする
・明るく前向きでよい点を見つけるのがうまい
・辛抱強くやさしいまなざしと観察力がある
・常識や従来のケアに固執しない
・探究心がありプロ意識を持って認知症高齢者のケア向上に挑戦する
・認知症高齢者の人権の守り手としての意識が高い

●グループホームに向かない人
・ゆったりとしたペースが居心地悪く、静かな生活が物足りない
・気が短く、動きがせかせかとして感情をすぐに出す
・キンキン声の早口で話す
・言葉や動きを先取りしたり、世話をやきすぎる
・相手の意にそうような考えや行動ができない
・認知症高齢者に偏見や画一的な見方をもつ
・一人ひとりの人間性に関心をもたない
・否定的、欠点や悪い方を強調する
・相手の目を見ないで行動する
・常識や従来的なケアのありかたに固執する
・認知症高齢者のケア向上に関心がなく機械的に仕事をする

3 管理職の資質

　介護要員の能力や離職率は多分に管理職の資質に大きく関係していると考えられます。管理職の組織のリーダーとしての役割は、介護福祉経営においては重要であり、とかく勤務年数の長さによって管理職を選択すると、大きな間違いになることが多いようです。長期的視点に立って、管理職を育てていくことが重要です。

　管理職には、「組織の目標・方針を示し」「そのための組織を編成し」「要員を配置し」「実行させ」「統制する」という5機能を実践できる能力が要求されます。また経営管理に関する専門的知識や経験も必要となります。

　最近では人事・労務管理を「人的資源管理」として考え、以下の項目を含めた体制の確立が課題となっています。

・チームの編成…雇用研修、人材育成、昇格、異動、解雇
・チームへのインセンティブ…賞罰、報酬、昇格
・公正な待遇…従業員の権利、法律、規則の遵守
・ワークライフバランス…健康、ストレスの軽減、仕事と家庭

6 経営資源を活用した新規事業の展開

1 介護報酬に依存する経営からの脱却

　介護保険による介護福祉事業は、事業内容ごとに、利用者の定員、それに対する要員や資格者の配置が義務づけられています。したがって利用者が少ないからといって要員を減らすことができず、人件費が固定的費用となり経営の弾力性が少ない特性があります。また、介護福祉事業の大半の収入源は介護保険報酬ですので、これのみで人件費を負担するには限界があり、ほかの一般企業と比べ低賃金となっています。このことが介護業界における慢性的人材不足の原因ともなっています。

　このような状況に対処するためには、介護保険の介護報酬のみに依存しない経営体質の構築が必要となります。介護福祉を行う経営体は、「人的資源」「物質資源」「資金的資源」「情報的資源」等、多くの資源を有しているので、これらの資源を活用し、新規事業を開発、経営の多様化を図り、介護保険からの報酬依存経営から脱却することが重要な課題となります。新規事業の開発を行うためには、まず、次の前提条件等について十分に検討する必要があります。

・社会福祉法第26条およびそれに関する厚生労働省の指針に適合していること（社会福祉法人が公益事業および収益事業を行う場合）。
・事業として市場性があること。
・事業として収益性があること。
・経営体の社会福祉事業（介護保険事業等）に影響を与えるリスクがないこと。

- 事業化のタイミングを考えること(早すぎても遅すぎても不適切)。
- 経営に関わる人材の活用が可能であること。

2 経営体の有する経営資源

　また、新規事業に取り組むには、安全性・継続性、リスクの大小を考え、経営体の有する経営資源を最大限活用することが望ましいものです。

- **人的資源**…経営体が抱える人材です。理事・監事の役員としては、その専門性を発揮して経営に参加するために、企業経営・財務会計・法務・行政・教育等の豊かな知識と経験を持った人が望まれます。また介護職員として、社会福祉士、介護福祉士、ホームヘルパー、ケアマネジャー、医療関係者として医師、看護師、理学療法士、作業療法士、言語聴覚士、その他の栄養士、調理師等があります。
- **物的資源**…経営体の有する動産・不動産等ですが、具体的には建物およびそれに付帯する設備や車両等です。
- **資金的資源**…経営体の有する現金、預金、有価証券および資金調達能力です。
- **情報的資源**…経営体に蓄積された技術力、スキル、ノウハウ、さらに情報処理能力等です。

図表1-3 ● 革命的福祉経営戦略

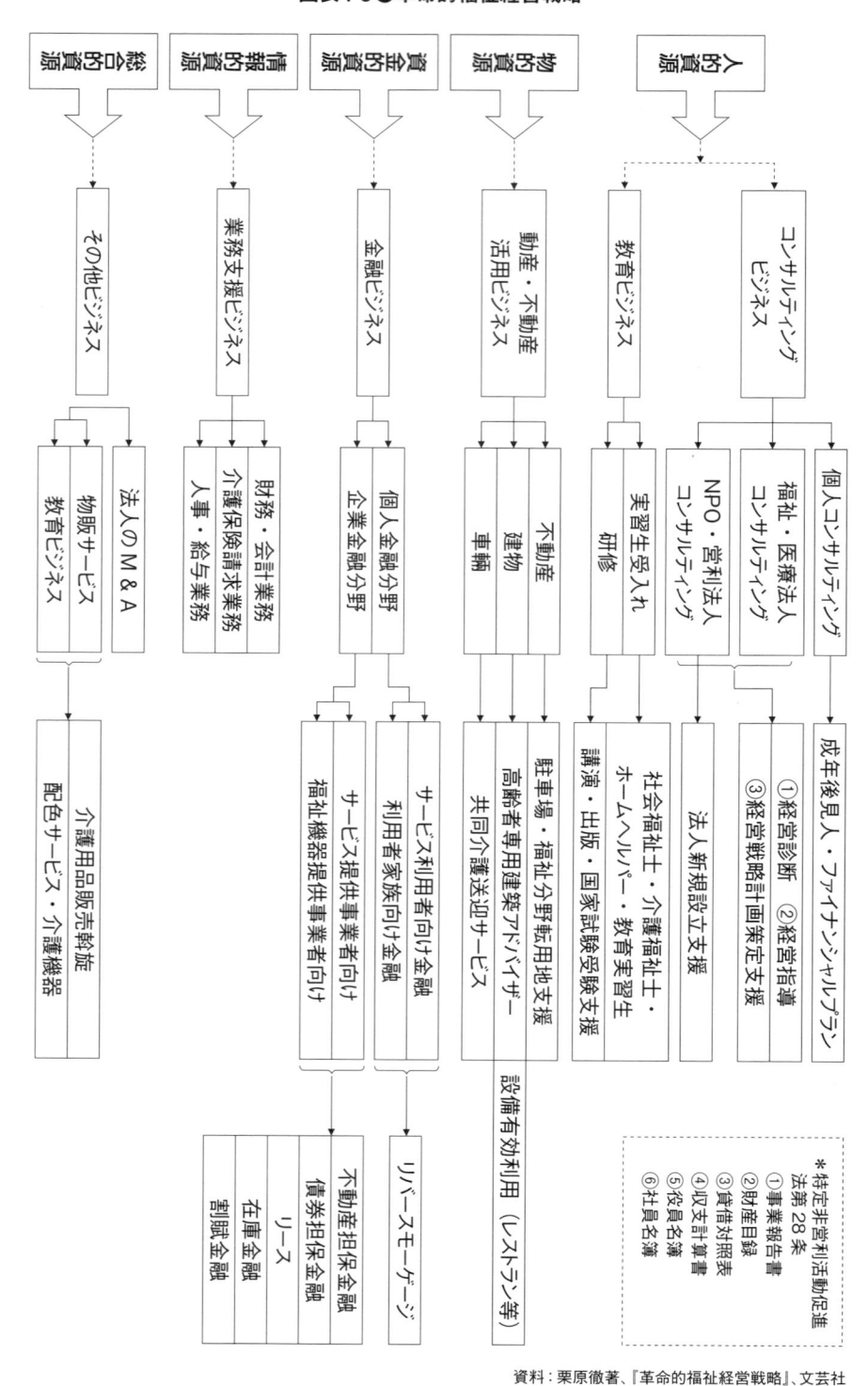

人的資源
- コンサルティングビジネス
  - 個人コンサルティング
    - 成年後見人・ファイナンシャルプラン
    - ①経営診断 ②経営指導
    - ③経営戦略計画策定支援
    - ④収支計算書
    - ⑤役員名簿
    - ⑥社員名簿
  - 福祉・医療法人コンサルティング
    - 法人新規設立支援
  - NPO・営利法人コンサルティング
- 教育ビジネス
  - 実習生受入れ
    - 社会福祉士・介護福祉士・ホームヘルパー
    - 福祉分野転用地支援
    - 講演・出版・国家試験受験支援
  - 研修

物的資源
- 動産・不動産活用ビジネス
  - 不動産
    - 駐車場
    - 設備有効利用（レストラン等）
  - 建物
  - 車輌
    - 共同介護送迎サービス
    - 高齢者専用建築事業
    - 福祉機器提供事業者向け

資金的資源
- 金融ビジネス
  - 企業金融分野
    - サービス利用者向け金融
    - サービス提供事業者向け
  - 個人金融分野
    - 利用者家族向け金融
  - リバースモーゲージ
    - 不動産担保金融
    - 債券担保金融
    - リース
    - 在庫金融
    - 割賦金融

情報的資源
- 業務支援ビジネス
  - 人事・給与業務
  - 介護保険請求業務
  - 財務・会計業務

総合的資源
- その他ビジネス
  - 教育販サービス
  - 法人のM&A
  - 物販サービス
    - 介護用品販売斡旋
    - 配色サービス・介護機器

*特定非営利活動促進法第28条
①事業報告書
②財産目録
③貸借対照表
④収支計算書
⑤役員名簿
⑥社員名簿

資料：栗原徹著、『革命的福祉経営戦略』、文芸社

7 認知症ケアシステムの構築

　認知症ケアは、21世紀最大のテーマであるとも言われています。しかし、その具体的展開は大きく立ち遅れていて、高齢者介護事業はもちろんですが、知的障害者、精神障害者等介護事業者以外に、医療機関や刑務所等でも大きな問題になっていて、国家的な対策が求められています。

　この対処の良否が今後の介護福祉経営の鍵を握っていると言っても過言ではありません。認知症には記憶障害、判断力低下、見当識障害等々の中核症状と、せん妄、抑うつ、興奮、徘徊、妄想等の周辺症状がありますが、介護現場では中核症状より、むしろ周辺症状によって多くの問題が生じていて、これは介護福祉経営の全般に関係する問題になっています。

　認知症（Dementia）とは、いったん正常に発達した知的機能が脳の器質性障害によって持続的に低下し、日常生活や社会生活に支障が生じる状態を指していると言われています。介護保険法では、第5条の2で、「……脳血管疾患、アルツハイマー病その他の要因に基づく脳の器質的な変化により日常生活に支障が生じる程度にまで記憶機能及びその他の認知機能が低下した状態……」と記述しています。厚生労働省は、わが国の認知症患者数が2017年に現在より68万人増えて373万人になると推計していますが、その実態は不明、しかし、それ以上の認知症患者がいることはほぼ確実と予想されています。

　また介護要員の育成も従来と同じ内容ではとうてい成り立たず、認知症専門のケア要員の育成が、今後の大きな課題であると考えます。

　認知症に関するさまざまな問題を解決することは、もはや個々の事業者による経営努力を超えており、社会的な対応として、医療および

関係領域と福祉のシステム的結合による認知症ケアシステムの構築が急がれます。

確認問題

問題1 本章でふれた介護福祉経営の6つの基本的要件について、次の選択肢のうち適切でないものを一つ選びなさい。

[選択肢]

①事業が社会に貢献し、社会的に受け入れられることが必要である。

②個々の関係性を調和し、総合的な人間関係を高める管理を行うことが必要である。

③古くから積み上げられてきた知識や技術を重視した、模倣的経営が必要である。

④経営規模の大小にかかわらず、法律を遵守した経営が必要である。

⑤財務会計的見地(採算性)と管理会計的見地(戦略性)の両面から捉えることが必要である。

確認問題

解答1 ③

解説1

　介護福祉経営の基本的要件である6つとは、「社会性」「人間性」「創造性」「法規制」「科学性」「経済性」です。これらをバランスよく調和させることが重要です。

①○：社会性のこと。

②○：人間性のこと。介護福祉が人間を対象とするヒューマンビジネスである以上、最も重要な項目の一つです。

③×：これまで日本の介護福祉においては、輸入知識によるケア中心の理念と実践が柱となってきました。これからの経営に求められるのは、経営全般にわたり創造性を重視した経営イノベーションです（創造性）。

④○：法規制のこと。多くの法令、規則、省令、通達、通知のほか、経営に関する法律が数多くあります。経営の規模にかかわらず、遵守しなければなりません。

⑤○：経済性のこと。介護福祉の分野で最も敬遠されてきたのが経済に関する問題でした。

第2章
介護市場をどう捉えるか

1. 介護市場の類型
2. 介護市場の規模
3. 準市場としての介護保険市場

1 介護市場の類型

1 3つの類型と介護福祉サービスの範囲

　介護福祉事業者の経営環境である介護福祉サービス市場（以下、介護市場）には、次の3つの類型があると言うことができます。
①介護保険の給付対象となる介護サービスから成る介護保険市場
②介護保険給付と基本的に同じサービスであるが、利用者が全額を負担して付加的に購入する、補完的介護サービス市場
③介護保険の対象外であるが、介護に関連するさまざまな生活支援サービス市場

　ただしこれは、とりあえずの整理であって、いくつもの注釈を付けなければなりません。そもそも、介護は一連の生活支援行為と切り離せない面があるので、どこまでを介護に含めるかが明確でなく、むしろ厳密に境界線を引くことは適当でないと考えられます。

　一般的には、介護とは身体介護、すなわち着替え、体位交換、移動、食事、入浴、排泄などの介助と理解されますが、精神的な支援、例えば、衰えゆく体力・気力・死への葛藤を理解し、受容し、支えることも介護に含むべきでしょう。認知症の患者に対しては、さらに高度な対応が求められます。こうした外延への拡がりは、介護が、生活障害を抱えた人たちが、通常行われる人間の行動や行為を可能な限り再現または復元できるよう支援する行為であることに本質的に内在する特性と言えます。

　また、介護福祉事業者が扱うのは、社会化された介護であって、家族介護は当然ながら含みません。社会化された介護のことを、本書で

は介護福祉サービスと呼んでいます。しかし、ここでは若干のあいまいさを許して、介護機器の提供など、要介護者自身または家族介護者が行う介護を支援するサービスやモノの販売も含めています。

2 介護保険制度に基づく準市場

　言うまでもなく、42ページ①の介護保険市場は、介護保険制度によって創設・維持されている準市場で、純粋な市場ではありません。準市場とは、公的システムではあるものの、事業者と利用者の契約に基づき供給が行われ、しかも定率の利用者負担などによって価格調整機能を発揮する擬似的市場ですが、介護保険の場合は、さらに施設サービスを除いて営利法人等の参入が認められているため、より一層、市場に近い存在になっています。なお、一口に介護保険市場と言っても、介護保険給付にはさまざまなものがあり、介護報酬も個別に決まっていますので、さらに細かく分かれていると見るべきかもしれません。例えば、在宅介護サービス、居住系サービス、施設サービスにそれぞれ市場があるという見方もできます。

3 補完的介護サービス市場

　42ページ②、③の市場は、いわゆるシルバーサービス市場の一部です。どちらも純粋の市場ですが、その性格が少し違うので、概念的に区分してあります。
　②の補完的介護サービス市場は、介護保険給付と基本的に同じサービスであるものの、給付限度を超えるとか、利用方法に制限がある等のために介護保険を利用できず、利用者が全額を負担して付加的に購入する介護福祉サービスの市場です。この補完的介護サービス市場の特徴は、介護保険が基礎的需要を満たしているために喚起される需要

に対応するものであることです。医療サービスとは違い、介護福祉サービスは、措置の時代から、営利法人でも行うことができたのですが、全額自己負担ではまとまった需要にはなりませんでした。介護保険ができて、まがりなりにも基礎的需要を満たしたために、それを土台にして付加的需要が生まれているのです。このことを考慮すれば、民間市場とはいえ、介護保険制度の存在に依存するところが大きい市場なのです。

4 生活支援サービスの市場

　これに対して、生活支援サービスの市場は、介護保険の給付の対象にならなくとも、自分だけで成り立っている純粋の市場です。この市場では、ホームヘルプサービス、家事代行サービス、入浴サービス、介護機器の販売やレンタル、有料老人ホームを含む住宅の販売や賃貸など、介護に関連するさまざまなサービスが提供されており、さらには、心身の健康を保ち、要介護状態に陥ることを予防するためのサービスなど、いくらでも拡がっていく市場です。それが、介護という行為自体に内在する特性を反映したものであることは、改めて説明するまでもないでしょう。

　ただし、ここでも介護保険制度の存在は大きな影響を及ぼしています。特定施設の指定を受けた有料老人ホームやサービス付き高齢者向け住宅は、いまや特養と機能的に大きく変わらない介護サービスを提供する居住系サービスになっていますが、これらは、一面では介護保険給付を代替しながらも、他面、②補完的介護サービス市場以上に介護保険給付がなければ成り立たないわけです。

　介護市場の類型でみると、有料老人ホームが特定施設の指定を受けて介護保険給付を行う場合は、①、②、③の市場にまたがっているという整理となります。最近制度化されたサービス付き高齢者向け住宅は、③の市場に①の市場が重ねられているということでしょう。

5 需要を掘り起こす

　順序が逆になってしまいましたが、経営を考える本ですから、市場というものの本来の特質について触れておかなければなりません。

　介護に限らず、市場それ自体には限定がありません。市場は人々の需要があれば自ずと生まれるものだからです。正確に言えば、事業者が需要を掘り起こして生まれるものなのです。しばしば、高齢化社会になって介護需要はいくらでもある、と言われますが、これはニーズのことを言っているに過ぎません。需要というのは、あるものがお金を払ってでも手に入れたい状態になっていること、もっと言えば、別のあるものに先んじて手に入れたい時に需要と言うのです。単にニーズがあるだけでは需要ではありません。したがって、事業者は、人々がお金を払ってでもよいと思えるモノやサービスを提供しなければなりませんし、もしそれができれば、そこに市場が生まれるのです。

　本章の最初で、介護市場を介護福祉事業者の経営環境と表現しましたが、それは変えられないものではなく、逆に言えば、自明なものとしてあらかじめ存在しているものでもないのです。もし、変えられないと考えている事業者がいたとするならば、それは介護保険市場しか見ていないからです。視野は広く持ちましょう。

2 介護市場の規模

　前節「1 介護市場の類型」は、言葉だけの解説でわかりにくいかもしれません。しかし、数字がないのです。かろうじて数字がつかめるのは介護保険市場だけで、それも事業統計から抽出するしかないのが実態です。介護は成長産業と言われて久しいのにどうしたことでしょうか。ただ、嘆くだけでは仕方がないので、可能な限り介護市場の規模の把握を試みましょう。

1 介護保険市場の規模

(1) 他産業との比較

　介護保険市場の規模は、介護保険の実施に要した事業費、つまり介護保険給付費に利用者負担を加えた額と等しいと見て問題ないと考えます。そこで、「平成21年度介護保険事業状況報告」を用いることにします。なお、ここで用いる大中小の分類は、機能に応じて内容が近いものを統合してありますので、介護保険給付と同じではありません。

　2009（平成21）年度の介護保険にかかる費用額は、7兆1,775億円でした。これが介護保険市場トータルの規模です。その大きさを実感するために日常生活に関連する他産業と比較してみましょう。いずれも2002（平成14）年前後の数字ですが、デフレの影響もあって、多くの産業ではずっと横ばいが続いています。まず、ある意味で家事を代行する飲食店は2.6兆円しかありません。情報通信業も、全体では大きく伸びていますが、伝統的なメディアであるテレビは3兆円、新聞・雑誌は4兆円程度です。鉄道・道路・航空等の運輸サービスは

ちょっと大きくなって、8.8兆円です。余暇に関連するサービスでは、旅館等の宿泊所が4.4兆円ですが、スポーツ・健康維持サービスも3.1兆円に達しています。カラオケ市場も1兆円に達しています（ちなみにパチンコは30兆円産業と言われており、35兆円の医療保険市場とともに別格ですね）。

　このような状況からすると、介護保険市場の規模がいかに大きいかがわかります。しかも、厚生労働省によれば、2025年の介護保険の財政規模は21兆円になるというのですから、存在感はますます高まっていきます。

（2）サービスの類型による内訳

　介護保険市場をサービスの類型でみると、在宅介護サービス3兆4,830億円、居住系サービス7,460億円、施設サービス2兆9,490億円ですが、もう少し詳しく分けた方がマーケットの実態に近づくので、さらに中分類・小分類レベルにすると次のようになります。

　在宅介護サービスは、訪問サービス9,500億円、通所サービス1兆5,160億円、短期入所サービス4,380億円、福祉用具サービス2,020億円、介護予防等3,350億円等々で、通所サービスが最も大きくなっています。中でも通所介護が1兆350億円で断然多く、さらに認知症対応型通所介護690億円を加えると1兆1,050億円になり、通所リハビリテーションも4,110億円あります。訪問サービスは全体でも1兆円に達せず、一番多いホームヘルプ（訪問介護＋夜間対応型訪問介護）でも7,000億円と低調です。訪問看護も、訪問リハビリテーションと合わせても1,570億円に止まっています。訪問入浴介護は550億円です。短期入所サービスには、便宜的に小規模多機能型居宅介護810億円も加えてあり、施設サービスに付随した従来型のサービスは3,580億円です。

　居住系サービスは、認知症対応型共同生活介護（グループホーム）4,500億円、特定施設入居者生活介護（地域密着型含む）2,960億円から成っています。特定施設は、さらにケアハウスと有料老人ホームの

区分で知りたいところですが、わかりません。

施設サービスは、特養1兆3,900億円、老健施設（地域密着型含む）1兆1,040億円で双璧を成しています。介護療養型医療施設は4,320億円ですが、廃止が決まっています。短期入所サービスを加えると、それぞれ、特養1兆6,000億円、老健施設1兆1,550億円、介護療養型医療施設4,370億円となり、依然として大きな存在となっています。

2 経営主体別の状況

介護保険市場には、営利法人の参入が認められ、一部のサービスでは最大のグループを占めるなど、供給主体はかなり多様化しています。「平成22年度介護サービス施設・事業所調査」を用いて、事業所の経営主体の状況をみていきましょう。なお、調査からわかるのは、事業所単位のデータですので、事業の規模にかかわりなくその数だけカウントされます。また、一つの法人が複数の事業所を運営している場合でも、その数が計上されていることに注意を要します。

（1）訪問サービス

訪問サービスでは、訪問介護は営利法人が57％と過半数を占め、次に多いのは社会福祉法人の25％で、医療法人は7％です。夜間対応型訪問介護でも営利法人が56％ですが、社会福祉法人が20％に減る一方で、医療法人は13％に増えています。まだ数が少なくてわかりませんが、在宅医療と一体で行うためかもしれません。

訪問看護ステーションになると、医療法人が41％で最多となりますが、営利法人も25％あります。社会福祉法人は9％です。

訪問入浴介護は、営利法人が49％、社会福祉法人が46％で二者が拮抗しています。福祉用具貸与は91％が営利法人です。おしなべて、訪問サービスは営利法人の拠点と言えます。

(2) 通所サービス

　通所サービスでは、通所介護は営利法人が44％、社会福祉法人が39％であるのに対し、認知症対応型通所介護では、社会福祉法人が50％、営利法人が27％と逆転します。

　通所リハビリテーションは医療法人が77％で断然多く、社会福祉法人は10％です。営利法人も行っていることになっていますが（0.1％）、これは医療法人制度ができる前から株式会社が経営していた病院ではないかと思います。

　こうした状況は、通所サービスを行うには施設を必要とすることと、参入規制があることを反映したものと理解できますが、事情は短期入所サービスでより鮮明にうかがえます。

　便宜的に、小規模多機能型居宅介護は通所サービスにカウントしましょう。すると、営利法人が43％、次いで社会福祉法人が32％、医療法人は15％となっていますが、短期入所生活介護になると社会福祉法人が85％で断然多く、営利法人は8％です。

　一方、短期入所療養介護では、医療法人が76％、社会福祉法人が12％です。

　つまり、小規模多機能型居宅介護には参入規制はなく、設備投資もそれほど必要はないので営利法人が多く、短期入所生活介護になると参入規制はないものの、特養を活用して実施してきた社会福祉法人が断然先を走っています。短期入所療養介護には、母体となる老健施設と介護療養型医療施設に参入が認められていない営利法人は登場の余地がないのです。

(3) 居住系サービス

　居住系サービスのうち、認知症対応型共同生活介護（グループホーム）の経営主体は、営利法人が52％、次いで社会福祉法人が23％、医療法人が18％で、数字は若干違いますが、小規模多機能型居宅介護と傾向が似ています。

　特定施設入居者生活介護は、営利法人67％、社会福祉法人27％、

医療法人2％となっていますが、社会福祉法人はケアハウス、営利法人は有料老人ホームと棲み分けができているはずです。

興味深いのは、規模が小さい地域密着型特定施設入居者生活介護になると、営利法人56％、社会福祉法人28％、医療法人11％となり、医療法人が増えることです。これはおそらく、高齢者専用賃貸住宅（当時）に積極的に進出したためではないでしょうか。

（4）施設サービス

施設サービスの経営主体は、基本的に、国または地方自治体、社会福祉法人、医療法人に限定されているので、これを反映しています。

特養は社会福祉法人が93％、地方自治体が6％、老健施設は医療法人74％、社会福祉法人16％、市区町村4％となっています。

介護療養型医療施設では医療法人が81％で、その他が8％、市区町村5％となっています。その他とは、医療法人制度ができる前から医療を行っていた個人の診療所だと思いますが、意外に大きなシェアを占めています。

（5）NPO法人のシェア

NPO法人は、統計上の数値は大きくありませんが、訪問介護および夜間対応型訪問介護、通所介護および認知症対応型通所介護、小規模多機能型居宅介護、認知症対応型共同生活介護（グループホーム）で5～6％のシェアを占めており、母数が少ない割にはかなり活躍していることがうかがえます。

3 民間介護サービス市場

（1）民間介護サービス市場の概況

民間介護サービス市場（42ページ②、③の市場のこと）の状況を正確に把握できる統計や調査はますますありません。特に、補完的介護

サービスは介護保険給付と一体となって供給されている場合がほとんどなので、②の市場を分離して調査すること自体が容易ではありません。調査をするとすれば、事業者は当然区分経理をしているはずですから、そのデータを出してもらうしかありませんが、現時点では、それだけの手間をかけるほど重要ではないということでしょう。

③の市場、すなわち、介護に関連するさまざまな生活支援サービス市場については、ぜひ詳しく知りたいところですが、業界団体ベースの断片的なデータがある程度です。

そのような中で、高齢者向けの住宅およびその関連サービスについては、タムラプランニング＆オペレーティングがかなり有益な調査を行っています。紙面の都合でごく一部に絞らせていただきますが、ご紹介しておきましょう（**図表2-1**）。

図表2-1 ● 高齢者向け住宅・関連サービスの件数、室数

高齢者向け住宅・関連サービス	件数（か所）	室数（室）
介護付有料老人ホーム	2,586	14万6,108
住宅型有料老人ホーム	2,501	5万9,332
健康型有料老人ホーム	22	1,003
分譲型ケア付マンション	45	7,594
無届有料老人ホーム	168	5,895
高齢者向け優良賃貸住宅	183	5,182
高齢者専用賃貸住宅	1,239	3万3,175
グループホーム	10,187	14万6,845
ケアハウス	1,876	7万4,867
シルバーハウジング	858	2万2,726

※オリジナルデータには介護保険施設も含まれているが省略

資料：タムラプランニング＆オペレーティング、2010年10月

このデータには金額が記載されていませんが、住まい確保の方法は買い取りも賃貸もあり、さらに有料老人ホームは利用権方式が多数を占めるなどさまざまな形態があるので、単純に金額を押さえれば済むものではありません。介護保険の給付も含め介護サービスの利用状況もまちまちです。したがって、まず、ストックの状況を把握すること

から始めるのは賢明なアプローチだと思います。それを基礎として、住宅建設などストックの追加に関する市場と、賃貸などのストックの利用と介護サービスの利用に伴うフローの市場に接近していくことができるようになります。

（2）福祉用具

　また、福祉用具については、日本福祉用具・生活支援用具協会が、行政統計と同じ手法で継続的な調査を行っています。「福祉用具産業の市場規模調査」がそれですが、2010（平成22）年度の福祉用具産業の市場規模は1兆1,504億円で、パーソナルケア関連が3,326億円、コミュニケーション機器が3,255億円、義肢・装具（広義）が1,585億円となっています。パーソナルケア関連とは、高齢者仕様の衣料品やおむつなど、義肢・装具はどちらかといえば障害者用です。

　なお、このデータは、福祉用具の製造業者の出荷額を集計したもので、リース料などは含まれていません。リース業者は、製造業者から福祉用具を購入し、それをリースに出す中間ユーザーとして位置づけられています。

3 準市場としての介護保険市場

　市場規模からみても、介護市場の中核は介護保険市場であり、この状況は当分続きそうです。しかし、介護保険市場は公的制度によって創設・維持されている市場ですので、固有の特性があり、また、リスクもあります。

　事業者がこの市場の一員として活動するには、現在の介護保険制度をよく知るとともに、将来の状況変化を自分なりに想定する力を身につける必要があります。それに資するよう、介護保険市場の特性と、それを形成する制度の構成原理について解読しておきましょう。制度自体については、多々、解説がなされているので、省略します。

1 なぜ公共サービスなのか

(1) 公共サービスと民間サービス

　公共サービスには実にさまざまなものがあるので、バランスよく定義するのは難しいところがありますが、最大公約数的には、国または自治体の責任の下で、そのサービスを必要とする人々に、平等に、リーズナブルな費用で提供されるサービスと言ってよいでしょう。

　多くの人が誤解していますが、介護福祉サービスはただちに公共サービスとは言えません。言うまでもなく、介護福祉サービスは福祉サービスの一部ですが、福祉サービスに関する基本法である社会福祉法では、公共サービスである"社会福祉事業"の上位概念として"社会福祉を目的とする事業"を位置づけ、その全分野における共通的基本事項を定めると宣言しています（第1条）。すなわち、社会福祉法は、

福祉サービスには公共サービスだけでなく、民間サービスも含まれること、また、"社会福祉を目的とする事業"を経営する者には、"社会福祉事業"の主たる担い手である社会福祉法人のみならず、NPO法人などのその他の非営利法人や株式会社などの営利法人も含まれる、ということを明確にしているのです。

このように、福祉サービスであっても、公共サービスに該当するものもあれば該当しないものもあります。介護福祉サービスに限定すれば、さらに明確になります。それは、一連の生活支援行為の延長上に介護があるという、介護というものの本質に由来する本来的なことです。歴史的に見ても、伝統社会では、介護は家族が行ってきており、介護福祉サービスとして社会化が始まったのは比較的最近のことです。しかも、すべてを公共サービスとして提供している国はありません。わが国の介護保険も、おおむね基礎的ニーズに対応するだけで、その他は、民間サービスに委ねられています。

そのため、介護保険について考察する前に、介護福祉サービスが部分的であれ、なぜ公共サービスとして供給されなければならないのかを明らかにする必要があります。

（2）公共サービスであることの必要性
1．多くの人に起こること

私たちは、要介護状態になったら本人も家族も大変だ、そして、もし自分も同じ状況に置かれたらどうしよう、と率直に思うのではないでしょうか。こうした直感は大切ですが、世の中には、大変なことはたくさんあって、すべてに国や自治体が関与していては、それこそ財源がいくらあっても足りません。

ではなぜ介護問題に公的に対処するかを考えてみると、まず挙げられるのは、こうした大変な事態が非常に多くの人に起こるということでしょう。仮に、すべての人に起こるのであれば、問題は簡単です。公共サービスがなくても、すべての人が介護福祉サービスを利用しなければならないので、それなら公共サービスとした方が、公平で効率

的なことは明らかです。国や自治体が直接行っている行政サービスは、少なくとも理屈のうえでは、こうしたものばかりです。

　介護については、かなりの確率で起こるものの、すべての人に必ず起こるわけではありません。その確率は、年々、高まっていますが、まだ、一般の行政サービスと同じ程度で皆に同じとまでは言えないでしょう。もう少し別の視点が必要なようです。

２．情報の非対称性

　そこで次に注目すべきは、サービスの利用者が、サービスを提供する側と比べて弱い立場にあるということです。市場で取引される通常の商品であれば、何をどれだけ買うかは消費者の側が決めます。買おうとする商品がどのようなものか、だいたいわかっているからです。しかし、介護福祉サービスでは、専門的知識を必要とするので、サービスの内容を正しく判断できるのはサービス提供側です。このような状態を、情報の非対称性と言います。

　持っている情報量に差があると、対等な立場で取引することができなくなる可能性が高まります。売る側が優位にあれば、極端な場合、質の悪いものを売って高いお金を取ったり、必要のないものを買わせたりすることができます。このような情報の非対称性があると、利用者を保護するために、国や自治体が関与する必要があります。

　しかし、医療サービスならば文句なく当てはまる情報の非対称性も、介護ではどうでしょうか。もともと生活行為との連続性が強いうえ、反復、継続して行われるサービスですので、本人や家族がだんだん内容を理解してきて、あの事業者はどうも変だ、くらいの判断ができるようになります。そうすると、市場の取引に任せても、専門家の配置を義務づけたり、価格の上限を設けたりする程度の公的な関与で、問題を回避することができそうです。情報の非対称性があるというだけでは、国や自治体が公共サービスとして提供しなければならないということの決め手にはなりません。

３．経済的リスクの大きさ

　それでもなお、公共サービスとして提供されるのは、経済的リスク

が非常に高いためと捉えるべきです。もともと、介護福祉サービスはかなり高価です。介護保険を参考にすれば、最も重い要介護5の介護費用は月約40万円です。一般的には、それが長く続きます。仮に5年とすると、総費用は2,400万円。家を建てることを思えば負担できない額ではないかもしれませんが、それほど余裕がない人もたくさんいます。しかも、問題はさらに深く、介護が必要な期間がどのくらいか予測がつかないことです。2年なら1,000万円弱ですが、10年ならば4,800万円に達します。つまり、すべての人がなるわけではありませんが、誰かが必ず要介護になり、多額の負担を強いられるという、大変不安な状況があるのです。これに個人で対応するには、裕福な人でも非常な困難を伴います。貯金をするにしても、いくら貯金をすれば足りるのか、誰にもわかりません。

このような経済的リスクに対応するには、要介護になる可能性のある人、つまりすべての国民がお互いに協力し、広く費用を分担して要介護になった人が必要な介護福祉サービスを受けられるよう助け合うことが最も合理的です。

(3) 公的責任を果たすためのさまざまなアプローチ

経済的リスクを分散することが根拠となるとしても、方法はいろいろあります。

介護保険は名前からしてリスク分散の制度です。措置制度は、もともと低所得者対策としての性格が強く、所得再分配に派生してリスク分散の機能を果たしています。ここでは詳しく論じませんが、民間保険に加入を強制するという方法もあり得ます。

また、国や自治体は、介護サービスを必要としている人に公平に供給する責任を負っていますが、それを行政サービスとして直接供給することで果たすのか、サービスが確実に供給されるシステムを維持することで責任を果たすかのという違いもあります。

措置制度は前者で、実際には、社会福祉法人等がサービスを行うとしても、それは行政からの委託という位置づけです。一方、介護保険

は、要介護者に介護福祉サービスを利用する権利が与えられ、要介護者はそれを使って事業者と契約を結ぶというシステムですから、サービスを提供する主体はあくまで事業者で、国や自治体は、システムが円滑に機能するように管理する責任を負う立場になります。

　なお、措置制度も介護保険も、介護福祉サービスの費用の大半を公的に保障していることでは共通しています。これは、国や自治体の財政責任に基づくものです。わが国では、国や自治体が財政責任を負うことが公共サービスである証のように考えられていますが、必ずしもそうでないものもあります。例えば、水道の供給は、れっきとした公共サービスですが、その費用の大半は、利用量に応じて利用者が負担しています。通常の商品と同じです。それでも、水道が公共サービスとされているのは、巨額の設備投資を必要とするために国や自治体以外に行うことができないからです。巨額の設備投資を必要とするという点では道路も同じですが、こちらは高速道路等を除いて無料です。それは、料金を徴収することができないからです。このように、財政責任は、供給責任に比して相対的であることは認識されるべきです（財源は、税、社会保険料、利用者負担のどれであれ、結局は国民が負担することに変わりはないので当然なのですが）。

2 介護保険の制度的特性

　介護福祉サービスを公共サービスとして提供していく方法がいくつかある中で、わが国の介護保険制度は、介護の特性に最も適合的な選択をしたと言えるのではないでしょうか。多額の税財源が投入されているとは言え、制度の基本を社会保険システムとしたことは、経済的リスクを分散するという公共性にストレートに対応するものですし、準市場として市場的合理性を働かせて資源の効率的使用を促す一方、事業者に一定の基準を設けてサービスの質を一定以上に保つことに成功していると評価できます。

（1）強制加入と自由契約

　介護保険は社会保険なので、制度への加入は法律に基づいて強制されており、個々人の自由意志に委ねられてはいません。しかし、各個人は要介護者になると介護福祉サービスを受ける権利を獲得し、この権利を事業者との自由な契約を通じて実現することができます。加入強制も、リスク分散という共同の利益を実現するために不可欠なことであり、集合的な契約とみなすこともできると思います。

　なお、サービスを受ける条件や内容はあらかじめ法令で決まっていて個々人の意志で変更できませんが、民間の保険でも多くの契約は個別の変更を認めない、いわゆる符合契約となっており、むしろ、諸条件が法定されていることは、行政に裁量の余地が大幅に認められている措置制度などよりも個人の権利ははるかに明確です。

（2）要介護者が得るのは購買力

　要介護者が得る介護福祉サービスを受ける権利の本質は購買力です。要介護者が購買力を持つことで、ニーズは需要となります。その需要を満たすために介護福祉サービスを利用するのですが、どの事業者と契約するかは自由なので、普通のものを買うのと大きく変わりません。費用は保険で出してくれるけれどサービスの範囲は決まっているという点では、カタログの中から好きなものを選ぶギフトに似ています。定率の利用者負担は引き替え手数料のようなものでしょう。

　購買力というからには、それはお金と同じです。実際には、要介護者に現金が支給されることなく、直接、サービスが届けられます。事業者の側からみると、費用の９割を保険者から、１割を利用者から受け取ります。しかし、制度の原理としては、要介護者に現金が支給され、要介護者がその現金を元手にサービスを利用するのです。このことを現金給付の現物給付化と言います。これは介護保険だけでなく、社会保険制度にも共通で、医療保険も同じです。年金保険は、もともと現金給付です。

（3）定率の利用者負担が価格機能を果たす

1．準市場における価格機能

　要介護者が購買力を得るといっても、1割は利用者が負担しなければなりません。ここが肝心なところで、1割であっても本人が直接費用を負担するため、慎重な判断がなされるのです。市場の特性について論じたところで触れた、ニーズと需要の違い（45ページ参照）を思い出してください。

　価格機能ということですが、その意味は2つあります。まず、市場で買うことのできるほかの商品に優先して、どの程度、介護福祉サービスを必要としているかがはっきりします。費用の9割は保険で賄われ、本人は本当の価値の10分の1しか負担しないでよいのですから、たいがいの人は適量の介護福祉サービスを選ぶはずです。こうして社会的資源の効率的な利用が図れます。一方、1割でも自分のお金を使うのですから、よいサービスをしてくれる事業者を探すでしょう。こうして事業者間でサービス競争が起こり、全体のサービス水準が向上します。価格を媒介として、資源の効率的な配分と品質の向上を実現していくところが市場メカニズムの本質ですが、わが国の介護保険制度はこれにかなり近い仕組みとなっているので、準市場と言えるのです。

2．情報の非対称性への対応

　情報の非対称性の問題は回避できているのでしょうか。サービスの質については、「（5）介護報酬という公定価格」（61ページ）でみるように介護報酬で担保されています。そもそも、介護保険制度の下では、所定の基準を満たす事業者だけが参入を認められます。利用者は、事業者が指定基準と報酬算定ルールを守っていることを前提にサービスを受けるのです。もしも基準やルールに背いて低品質のサービスを提供する事業者が現れた場合には、そのルール違反の行為は是正されなければなりません。場合によっては、指定取消しによって市場からの撤退を求められることもあるでしょう。

　情報に関し有利な立場にある事業者には、指定基準への適合や報酬

算定ルールの遵守に加え、詳しい情報公開や契約内容の丁寧な説明、苦情窓口の設置が求められています。弱い立場にある利用者は、ケアマネジャーや成年後見人が支援します。万全とはいかないまでも、このように何重もの措置が講じられているのです。

（4）支給限度額と給付期間

1．要介護度に応じた支給限度額

　介護保険では、要介護度に応じて月ごとに支給限度額が設けられ、受けることのできる介護福祉サービスの総量が決められています。限度額ですから、それは上限で、限度額いっぱい使うかどうかは価格との相関関係で利用者が決めることです。なお、施設サービスについては基本サービス料が設定されていますが、実質は限度いっぱい使用される支給限度額と同じです。名称が違うだけと考えるべきです。

　支給限度額が基礎的な介護ニーズに対応するものとして充分であるかどうかは議論があるところですが、介護保険も夢の制度ではなく、もともとすべてのニーズに対応することは不可能です。サービスの水準は、最終的には国民がどれだけ介護保険料や税金を払えると考えるかにかかっています。このことは、国民が市場で買うことのできる一般的な商品と比べて介護不安の除去にどれだけ優先して自分のお金を使ってもよいと考えているか、あるいはお金を払うに足るサービスになっていると評価しているか、ということでもあります。

2．給付の期間に制限はない

　しかし、往々にして見落とされていますが、介護保険の給付は、要介護状態が続く限り行われるということです。これは民間保険では、ほぼ対応不可能です。給付がいつまで続くかわからない、つまりリスクの大きさがわからないからです。こうした芸当ができるのは、保険集団の対象となる全員が強制的に加入し、制度の永続性が担保されている社会保険制度だからこそです。

（5）介護報酬という公定価格

これまで、準市場の一つである介護保険市場について、市場になぞらえて説明してきましたが、準市場はもとより純粋な市場と同じではありません。サービスの対価が介護報酬を通じて公定されていることもその一つです。ここでは、介護報酬はなぜ公定される必要があるのかということと、公定されている介護報酬の額は適正かということを相互に関連させて考えてみます。

1．介護報酬はなぜ公定価格となっているのか

介護報酬については、適正な額よりも低いのではないかということに関心が集中しています。しかし、これは適正な額がそれ自身で存在していることを前提にした議論で、介護保険が公定価格を採用しているから起こる現象です。純粋な市場であったなら、価格は需要と供給との相対関係で決まり、その額が高いとか低いという議論自体が成り立ちません。取引の当事者がお互いに納得したから売買が成立したのであり、現に実現した価格が適正な額なのです。

それではなぜ、介護保険は公定価格を採用しているのでしょうか。その説明はあまり試みられていないようです。公式見解も示されていません。そこで、介護報酬が実際にどのような機能を果たしているかを確認するところからたどっていくことにしましょう。

介護報酬の額は、現に介護福祉サービスを提供している事業者の経営実態を調査して、一定の利益が確保されるように決められています。もっとも、経営実態が反映されるのは、在宅サービスとか施設サービスといった大枠までで、個別の介護福祉サービスについての介護報酬の額は、その時の政策の方向性によってかなり変動します。それでも全体としてみれば、介護報酬は、サービスを生産するために必要になる人件費、物件費をカバーし、さらに減価償却ができるよう一定の余裕をみた水準に設定されている、少なくもそうした建前で決められていると言えます。

ところで、介護保険の事業者には、一定数以上の職員を配置し、施設等の基準に合致することが求められます。これはサービスの質を保

つための代替的な措置です。サービスの質を直接測定することは困難ですが、一定数以上の職員や専門家がいれば、サービスの質も一定以上になっているとみなせるからです。したがって、介護報酬が人件費、物件費を色濃く反映して設定されていることは、事業者が職員配置や施設等の基準を守り、サービスの質を保つための経済的条件を整えていると言えます。

　介護報酬をサービスの質に関する規制をクリアできるように設定することは、同時に、サービスの量を確保することにもつながります。介護保険は、利用者に、要介護度に応じて一定量のサービスを利用する権利、すなわち購買力を付与し、いわば先付けされた需要を生みます。しかし、実際に利用できる介護福祉サービスの供給がなければ、その需要は満たされません。サービスの供給量は介護報酬の額に連動しています。最低限、サービスの質に関する規制をクリアできる額でないと、採算がとれないので事業者はサービスの供給を止めてしまうでしょう。逆に、そこそこの額ならば、需要は先付けされてすでにあるのですから、供給は自ずと確保されるはずです。

　このように、介護報酬には、介護保険が想定したサービスの質と量を同時に確保する役割が与えられています。これが、介護報酬を公定する理由と考えられます。

2．介護報酬の額は適正か

　介護報酬を公定する理由がサービスの質と量を確保することであるとするならば、なおさら、介護報酬の額をもっと高くすべきだという声が高まるでしょう。これについては、半分はそうだと思いますが、半分はにわかには賛成できません。

　そうだと思うのは、賢明かつ良心的経営をしている事業者でも、介護保険の枠内に留まる限り従事者の低賃金に依存する経営から脱却できていないという現実があるからです。このことは、介護報酬の全体的水準が低いことの傍証にはなると思います。

　その一方で、現在の介護報酬の下でも高い利益を出している事業者は少なくありません。もちろん、赤字のところもあります。同じ介護

報酬でも利益率が異なるのは、サービス単位当たりのコストが違うからで、さらにその理由は、規模の利益が働いているからです。このように、経営効率に差がある場合には、一概に介護報酬が低いとは言えません。

　ここが公定価格の難しいところで、介護報酬を一律に設定すると、不効率な経営をしている事業者を温存してしまいますが、かといって自由な競争に委ねてしまうと必要な量のサービスを確保できなくなる恐れがあります。規模の利益が働く産業では、効率的な経営を行っている事業者は、事業を拡大する方が合理的です。そうすると、競争が激化して、不効率な経営をしている事業者は次第に淘汰されていきます。それは当事者には厳しい結果ですが、産業全体としては効率性が向上し、モノやサービスをより安く提供できるようになることを意味します。しかし、公定価格として一定額が維持されると、よほど不効率な経営をしている事業者でない限り生き残ることになり、公定価格が高止まりする原因となります。他方、介護福祉サービスには、利用者の住んでいるところでしか生産できないという特性があり、急速な事業拡大は難しい面があります。したがって、事業者の淘汰が進むと、一時的にではあれ、サービスの供給量が減ってしまいます。そこで、公定価格は、多少経営効率が悪い事業者も存続できる水準に設定する必要があります。

　介護報酬には、サービス類型ごとに設定されている金額の間でアンバランスがあるという問題もあります。例えば、施設サービス系と在宅サービス系、既存のサービスと新規に導入されたサービスの間で、同等の条件で事業を営めるものになっているかどうかということです。そこがアンバランスだと、全体としては妥当だとしても、個々の事業者にとっては介護報酬が低いという現象が生じます。

　ただし、介護報酬は特定のサービスの供給を増やしたり抑制したりするための政策手段としても使われており、それをどう理解すべきか、難しい問題があります。自然エネルギーの開発・利用を促進するために、買い取り価格は高めに設定されています。介護報酬も基本的に同

じですが、その変更があまり頻繁に行われると、経営の前提条件が変わり、その不確実性だけで経営上のリスクになってしまいます。

このほか、要介護状態を改善すると介護報酬が下がってしまうというように、努力が正当に評価されていないという指摘があります。ただ通常、値段は実際に行われるサービスに付けられており、成功報酬のようになっているものは少ないと思います。むしろ、介護報酬には、リハビリテーションや口腔ケアなど特別な改善努力が払われている場合の加算制度があり、もし漏れているものがあれば適正に評価したうえでこれに加えていくことで、問題のかなりの部分は解決できるのではないでしょうか。

(6) 参入規制

もう一つ、介護保険市場が純粋な市場と違う大きな点は、参入規制があることです。

すでに述べたように、一定の基準に合致しなければ介護保険事業を行えない仕組みになっていますが、このこと自体はほかの産業でもしばしば行われている社会的規制と同じで、参入規制には当たりません。しかし、介護保険では、施設サービスの事業主体が限定されており、これは強い規制と言えます。なお、2011（平成23）年度までは、地域ごとに参入量に制限が設けられていましたが、これは撤廃されました。

1．施設サービスの実施主体の制限

施設サービスは、社会福祉法人あるいは医療法人（特養は社会福祉法人のみ）しか行うことができません。最も規制の厳しい特養について、なぜそのような規制が行われているのか、厚生労働省の公式見解をみると、心身の障害により介護を必要とする要介護者にとって終の棲家であり、その事業実施に当たり高い公益性・安定性を担保する必要があるため、とされています。公益性の観点から営利法人が外され、NPO法人などその他の非営利法人も安定性が担保できないから任せられないということでしょう。

しかし、在宅介護サービス、居住系サービスにはNPO法人のみならず株式会社などの営利法人の参入が認められており、これを住宅と結びつけた特定施設の指定を受けた有料老人ホームやサービス付き高齢者向け住宅は、いまや特養と機能的に大きく変わらないことからすると、ちょっと奇異な感じがします。もっとも、事実上の民間参入が果たされているので、大きな問題ではないという見方もできます。

社会福祉法人には、建設費のかなりの部分に補助金が支給されるうえ、税制上の優遇措置があって固定資産や収益に課税されません。しかし、実際問題として、多額の初期投資を必要とし、それを利用者の負担で賄うことができないとすれば、補助がなければ特養サービスは成り立ちません。理念的なことは別にしても、特養の待機者が非常に多い現状を踏まえれば、特養サービスの供給を政策的に支援することは必要と言えます。ただし、いつまで特養経営の独占を認めるのかという論点は残りますし、あまりに手厚い保護をすると不効率な経営を温存し、資金を投入したには供給が増えずに、本来の政策目標を達成できないということにもなりかねません。

２．自由競争状態にある在宅サービス

一方、在宅サービスには経営形態に伴う規制はなく、いわば完全に自由化されています。しかし、また別の問題を惹起しているように見受けられます。隣同士でも利用しているヘルパーステーションが違うのが常態になっていますが、移動時間のことを考えただけでもロスが大きすぎます。このようなことが起こるのは、初期投資が非常に少なくて、参入障壁が低く、過当競争になりやすいからです。

自由な競争を守りながら、過当競争を防ぐ方法としては、市区町村（介護保険の保険者）をさらに小さな地域に分け、その地域単位で事業者を入札で選定することが考えられます。特養などで行われるようになった指定管理者制度の在宅版のようなものです。こうすれば、移動に伴うロスを防ぐことができます。最初は本当に狭い範囲で行い、徐々に中学校区まで広げていくようにします。これなら、地域包括ケアの考え方ともマッチするのではないでしょうか。

タクシーの例でもわかるとおり、公正な競争と参入規制の問題は単純ではありません。制約のない市場競争が何でも解決するというわけではないのです。これからも試行錯誤が続くでしょう。

（7）顧客は国民全体ということ

最後に、介護保険市場の顧客は、最終的には国民全員であることに思いを致さなければなりません。もちろん、直接の顧客は要介護者とその家族ですが、介護保険が国民全員（40歳以上）の保険料拠出と税金を財源としていることからすれば、国民の支持を得ることが介護保険市場存続の絶対的条件であり、事業者も顧客の満足度を高めることを通じて、国民一般に、要介護になっても大丈夫という安心感を提供できなければ、みずからの経営基盤を失いかねないという自覚が求められるからです。

このことは、すべての事業者に共通ですが、多額の補助を受けている社会福祉法人にとってはとりわけ重要で、制度に対する支持を獲得するために積極的に貢献しない社会福祉法人は、自己を否定しているに等しいのです。社会福祉法人は、その公共性ゆえに各種の特別の取り扱いを受けているのですが、介護福祉サービスの担い手としての社会福祉法人に求められる公共性とは、いわゆる慈善博愛にとどまらず、社会的に必要不可欠な介護保険制度を発展させるべく、全国民に対して顧客として接し、奉仕していくことではないでしょうか。

介護保険市場はこれまで順調に成長してきましたが、2050年頃まで続くであろう高齢化の深化の期間からすれば、ようやく草創期が終わりに差し掛かったところです。厚生労働省は、2025年の介護保険の財政規模は現在の3倍の21兆円になるとしていますが、それは、国民が保険料の引き上げに同意することが前提になっています。そろそろ、よりよいサービスを、より効率的に提供するにはどうしたらよいのか、検証すべき時期にきているのではないでしょうか。いずれにせよ、現在の仕組みにまったく変更がないとは考えない方がよさそうです。

確認問題

問題1 介護保険の制度的特性について、次の選択肢のうち不適切なものを一つ選びなさい。

[選択肢]

①介護保険への加入は、法律に基づいて強制されており、個々人の自由意思に委ねられていない。

②要介護者が得る介護福祉サービスを受ける権利の本質は購買力である。

③利用者の自己負担（1割）は、事業者間のサービス競争を促し、全体のサービス水準の向上につながっている。

④介護報酬を公定価格とする理由は、サービスの質と量を確保するためである。

⑤介護保険市場は、完全な自由競争市場で参入規制がない。

確認問題

解答1 ⑤

解説1

① ○：介護保険は社会保険であるため、個々人の加入は法律に基づいて強制されています。各個人は要介護認定を受けることで介護福祉サービスを受ける権利を獲得し、その権利を事業者との自由な契約を通じて実現することができます。

② ○：要介護者が購買力を持つことで、ニーズは需要となります。その需要を満たすために事業者と契約し、介護福祉サービスを利用します。

③ ○：1割でも自分のお金を使いサービスを利用するとなると、よりよいサービスを受けられる事業者が選ばれることになります。結果的に、事業者間にサービス競争が起こり、全体の水準が向上します。

④ ○：介護報酬には、介護保険が想定したサービスの質と量を同時に確保する役割が与えられており、これが介護報酬を公定価格にする理由と考えられます。

⑤ ×：在宅介護サービス、居住系サービスは、営利法人の参入が認められていますが、施設サービスについては、社会福祉法人あるいは医療法人（特養は社会福祉法人のみ）しか参入が認められていません。高い公益性・安定性を担保する必要があるためとされています。

第3章
マネジメントの本質

1. 介護福祉領域におけるマネジメント基礎理論
2. マネジメントの基本
3. マネジメントの推進に際して

1 介護福祉領域における マネジメント基礎理論

1 さまざまな組織に共通する理論

　第3章では介護福祉領域およびその周辺領域で活動している事業主体のリーダーと、その従業員等が知っておくべきマネジメントの基礎理論について、若干の私見を交えつつ、整理していくこととします。

　ただし、本書はマネジメントの教科書ではないので、網羅的な記述は念頭に置いておらず、現代的な要素、著者の経験に基づく強調したい要素、そして介護福祉領域の関係者にとって重要と思われる領域を中心に述べていきます。もとよりすべての環境に適合する組織など存在するはずはなく、またすべての組織に適合する戦略・管理も存在しません。しかしマネジメントの勘所のようなものには、さまざまな組織に適用可能な共通部分があります。

　改めて言うまでもなく、介護福祉事業への参入主体は多種多様であり、そこでは社会福祉法人のみならず、民間企業やNPO法人も事業展開を行っています。例えば社会福祉法人に限定して、その組織運営や事業推進のあるべき姿を提示することも可能なのですが、それでは本書の趣旨や目的と矛盾が生じ、議論内容のダイナミズムも発揮できません。社会福祉法人であれ、民間企業であれ、NPO法人であれ、それらが混在して活動しているのが介護福祉市場なのですから、そのマネジメントの共通部分に光を当てていくこととします。

2 マネジメントの全体像を把握する

　介護福祉領域の事業者と話していると、特定領域の「福祉の世界」に引きこもっているようにも感じられ、その傾向は社会福祉法人の関係者に強いように思われます。そしてこのような人々は、自らの事業領域の特殊性のようなものを強調する一方、周辺領域の事業者のイノベーションについては、あまり着目していないように見受けられます。要するに周囲があまり見えていない状況にあるのです。

　その一方、この領域で活動している人と講義やセミナーの場で会うと、「マネジメントに関し、何をどのように学んでいくべきなのか」といったような質問をしばしば受け、講義やセミナーの終了後には「初めて体系だったマネジメントの論理に接して、新鮮な驚きだった」「民間企業から転身してきた施設長が会議時に折にふれて話してくれる内容とよく似ていた。その真意が初めて理解できた」といったような声をよく耳にします。自分たちの組織のことをあれこれ言っているにもかかわらず、「ぬるま湯体質」のなかにいて、変化を嫌う自組織の体質を認識している場合も多いのではないでしょうか。

　事業主、管理職、施設の中核的なスタッフなど、多くの職員がマネジメント領域の研修や情報に飢えているようにも感じられるのですが、ディスカッションしていると保有している知識や情報が偏っていたり、特定の視野からしか見ていなかったりすることが多いと感じます。マネジメントの全体像が描き切れていないまま、局所的なマネジメントを議論しているのです。

　最近はベンチマークと言って、ほかの優れた事業主体との対比によって、自らの事業展開のあるべき姿と現状の問題を探る手法を採用する組織も増えています。まず外に出て、ほかの事業主体の動きや顧客の行動に接し、多面的な視点や指標から、自らの事業展開の動向を点検できるような体制の構築こそが期待されているのです。

　そこでこの章では、マネジメントの「断片化された情報や知識」を

あたかもジグソーパズルを埋めていくような感じで統合化しつつ、マネジメントの全体像と現代的な課題を浮き彫りにしていきます。

2 マネジメントの基本

　まず、「マネジメントの全体像を描く」「断片化された情報の体系化を促進する」「介護福祉事業の関係者に理解を求めたいこと」等の諸事項を念頭に置きつつ、介護福祉事業とその周辺市場のマネジメントを考えるに際し重要と思われる戦略発想もしくはビジネスの常識といったものを、いくつか整理しておくこととします。

1 「MOGSTの論理」で考えていく

　経営コンサルティングの世界でよく用いられるキーワードに「MOGST（モグスト）」というものがあります。これはそれぞれ「Mission（使命）」、「Objective（目標）」、「Goal（目的）」、「Strategy（戦略）」、「Tactics（戦術）」というキーワードの頭文字をつなげたものですが、このMOGSTの順に事業展開の方法論を検討・確認し、それを周囲で共有していくことが、マネジメントの前提条件なのです。

　MOGSTの順序は抽象的なものから具体的なものへ、中長期的なものから短期的なものへ、理念的なものから現実的なものへ、そして全体的なものから部分的なものへと、その内容をあたかもピラミッドの上部から裾野へ下りていくような感じで並べていくものですが、たとえ次の四半期の事業と人員確保の検討を行う場合であったとしても（これは戦術レベルの話です）、常に上位に位置する目標や戦略との整合性を図っていく必要があるのです。

　そして、われわれは何のために活動しているのか（Mission）を常に意識しつつ、その具現化に向けての中長期的な目標（Objective）

を設定し、着実な一歩を印していきます(Goal)。この関係は三段跳びのようなものであり、はるかかなたにある砂場をイメージしつつ、着実なステップを切り出そうとするスタンスが肝要なのです。そのうえで、遠くへ跳んでいくための助走距離の設定や踏み切りの適格さの設定(Strategy、Tactics)を検討していきます。こんな論理的常識的発想がマメジメントの前提条件なのだと認識してください。

よく「木を見て森を見ず」というような表現を用いますが、これを拡大解釈すれば、枝葉末節の戦術的なことに忙殺されるあまり、中長期的な方向性の設定や大きな環境変化の実態を見誤ることを意味するのかもしれません。

このような近視眼的な発想に基づく事業展開を回避する意味からも、この「MOGSTの論理」の重要性認識と定期的な確認を怠らないようにしてください。

2 「経営7S」を理解する

次に提示する重要なキーワードは「経営7S」というものです。この7Sとは、①Shared value(共通の価値観・理念)、②Strategy(戦略)、③Skills(組織能力)、④Structure(組織構造)、⑤Systems(運営の仕組み)、⑥Staff(人材)、⑦Style(経営社風)という、いずれもSで始まるキーワードを意味し、マメジメントを検討する際の構成要素の指針となります。

この「経営7S」という概念は米国のコンサルティング企業のマッキンゼー・アンド・カンパニーが提唱しているものですが、実によくできています。40年以上も前に提起されたのですが、今でも十分に通用するマメジメントの基本的な要素であり、マメジメントを構成する重要な要素の相互関連性の認識に役立ちます。

ここで言うShared value(共通の価値観・理念)とは前述した「MOGSTの論理」のMission(使命)とほぼ同義ですが、社会性認識

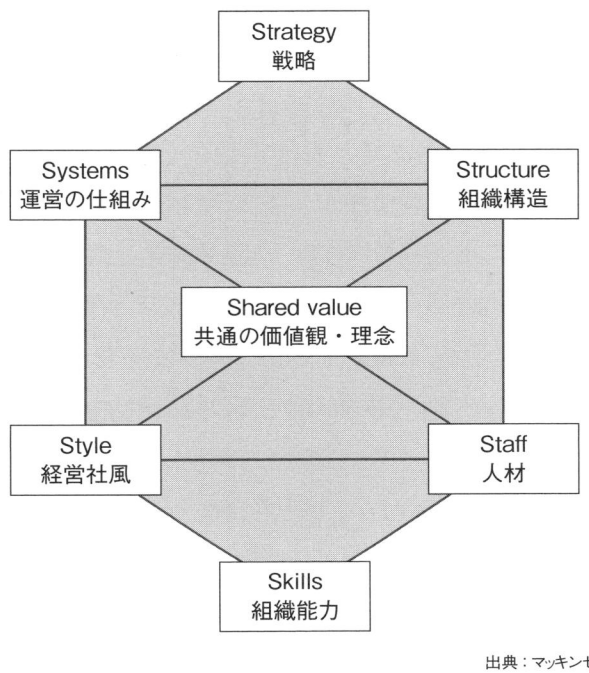

図表3-1 ●マッキンゼー・アンド・カンパニーの経営7S

- Strategy 戦略
- Systems 運営の仕組み
- Structure 組織構造
- Shared value 共通の価値観・理念
- Style 経営社風
- Staff 人材
- Skills 組織能力

出典：マッキンゼー・アンド・カンパニー

のみならず、創業者の理念や、事業展開上のこだわりのようなものが色濃く出てきます。**図表3-1**に示したように、このShared value（共通の価値観・理念）が中核となって、マメジメントのさまざまな要素が統合されていく姿が見てとれます。自動車に例えるならば、まさに四輪駆動の状況です。

このように7つのSで始まるマネジメントの基本要素は、相互に密接な関連性を有するのであり、どれか一つの要素を深掘りしても、有効な施策にならないことに注意することが大切です。

3 マネジメント成功のポイント

次に、もっと具体的かつ実践的な視点から、マネジメントの基本と事業展開上の留意事項について触れていきます。

(1)「小さな質を積み重ねて、少しずつ量にしていく」ことが事業展開の鉄則

　売上高、収益力、信用力、顧客、流通チャネル、経営資源……、これらは急に改善・進化するものではありません。バブル期の濡れ手に粟のような事業伸長は期待できるはずもなく、まさに「千里の道も一歩から」なのです。事業環境が自分たちにとって都合のよい時は、周囲の甘い誘いに乗り、自らが実態を把握・評価できないような案件や事業に手を染めがちですが、そのような一攫千金型の事業展開では、すぐに行き詰まります。本来のビジネスとは、身の丈に応じた「分」をわきまえて展開すべきものであり、着実な伸長を期すべきものなのです。

　この「小さな質を積み重ねて、少しずつ量にしていく」という発想は、一見すると保守的とも受け取られがちですが、堅実性こそ安定経営の前提条件と認識すべきです。大半が赤字のプロ野球球団のなかにあって、東北楽天ゴールデンイーグルスが球団創設以来、安定的な黒字体質を維持できている背景も、実はこんなところにあり、選手のユニフォーム1枚のクリーニング代にも徹底的なコスト管理を導入するといったような地道な努力が、マネジメントの前提条件となっているのです。どんぶり勘定ではやっていけません。

(2)「1単位当たりの事業が成立していること」がビジネスの前提条件

　住みやすい社会を構築したいというような熱い思いを抱きつつ、地域社会福祉や介護領域の市場に参入しようとする人と出会う機会は、ソーシャルビジネスやコミュニティビジネスのビジネスプランコンペや、各種助成金応募のためのプレゼンテーション審査会など、さまざまあります。

　そのような人たちのビジネスプラン等をチェックしていると、時としてそもそも事業として成立していないケースに遭遇します。「あの人たちを救うために……」「地域をもっと明るくするために……」等、

事業発想にはまったく問題がなく、補助金が出ている時は採算が取れるのですが、助成終了後、すぐに採算割れするような、極めてずさんなプランも目につきます。

また大都市近隣の福祉ショップの経営実態を点検していくと、創業以来一度も黒字化することなく、篤志家の資金補填でやりくりしているようなところもありました。

あるNPO法人が手掛ける高齢者向け弁当宅配サービスは、スケールメリットを発揮できず、また顧客ニーズに個別に対応するあまり、製造コスト高に陥り、さらに民間企業の競合相手の低価格戦略にも対応して値下げをしなければならなくなるなど、目も当てられないような惨状の中で、事業継続があっという間に暗礁に乗り上げていました。

これらの状況は、すべて収益管理に問題があるのです。前述した「小さな質を積み重ねて、少しずつ量にしていく」という堅実発想と同様なのですが、「創業時点から、1単位当たりの事業が成立していることがビジネスの前提条件」ということも、よく理解してほしい要素です。

自らの人件費を計上せず、「見かけの利益」が出るような仕組みでは、早晩挫折します。そして「コストは高めに、利益は低めに」見積もりつつ、楽観的なシナリオばかり描くことがないようにしてほしいと願っています。

（3）「顧客志向」と「競争」という2つのキーワードへの着目が重要

福祉作業所等でよく製造販売されているクッキー、これは支援者のサポートにより成立している商品なのかもしれませんが、市販されている大手メーカーのクッキーに対する競争力をどこまで保持（意識）しているのでしょうか。定期的な新製品開発やイノベーション努力、そしてプロモーション努力がかなり欠落しているようにも感じられます。このことは「市場」と「顧客」がよく見えていないことを意味します。そして何が競合商品になるのかに関する検討も、不十分なのかもしれません。北海道土産として知られるトラピストクッキーのようなブラ

ンド化に対する努力も見当たりません。こんなところにも福祉領域のビジネスの典型的な問題点が潜んでいます。

　介護福祉領域に限定すれば、その事業展開に際し、顧客に提供するサービスメニューのバリエーションに関する差別化推進は困難なのかもしれませんが、サービス品質については比較検討が可能です。このサービス品質の確認・追求とは、まさに「顧客と市場の声に耳を傾ける」ことを意味しますが、その際、提供するサービス等が「顧客ニーズにフィットしている（顧客志向）」ことは当然ですが、顧客が製品・サービスを自由に選択できる立場にあることも忘れてはいけません。

　筆者はさまざまな講演活動を行っていますが、よくこんなクイズを出題します。「カルピスのライバル商品は何か？」と。ここで期待している回答は、ジュース、ヨーグルト、お茶といったようなものではありません。むしろ、ビール、タオル、そうめん、サラダ油といった回答を求めています。これは言うまでもなく、「夏のギフト」の定番としてのカルピスの商品特性に着目しているものです。商品やサービスを機能や用途だけでなく、別なアングルから見ていくと、事業展開の視野が広がるとともに競合相手の見方も変わってきます（経営学的には戦略ドメインと言います）。

　このように異分野の競合相手をも認識しつつ事業展開を行うことがマメジメントの基本なのですが、米国の経営学者マイケル・ポーターはこのような競争環境をファイブフォース（買い手の競争力、供給業

図表3-2●M. ポーターのファイブフォースの概略図

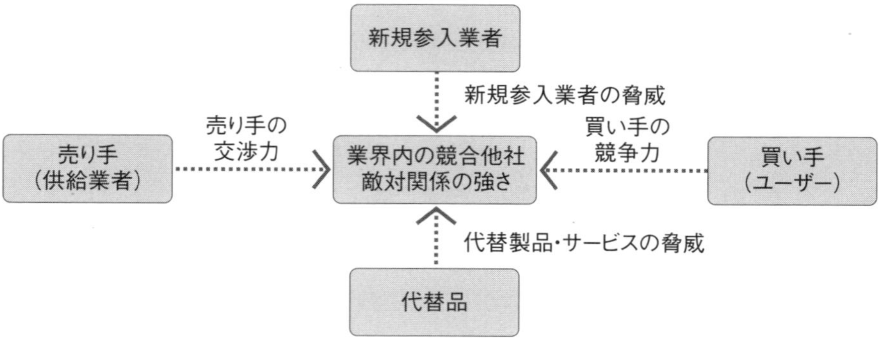

資料：M.ポーター、『競争の戦略』、ダイヤモンド社

者の交渉力、新規参入業者の脅威、代替製品・サービスの脅威、競合他社の敵対関係の強さ）に区分しています。同業他社以外の潜在的なライバルの存在と、その提供する商品・サービスの方法論を注意していくことが肝要なのです。

　先ほどのカルピスの話ではありませんが、市販されている風邪薬のライバル商品とは、ほかの市販薬だけでなく、漢方薬、医師の処方箋によって薬局で提供される薬、マスクやうがい薬といった風の予防対策、そして健康的な身体を維持していくためのさまざまな方法（散歩、ヨガ、フィットネスジム……）等があり、このような多種多様な競争環境の存在は介護福祉市場も同様であることに注意を払うべきです。

（4）事業展開の中長期的なビジョンを保有すべきだが、「きれい過ぎる絵」を描かないこと

　中長期的な事業展開像をビジョンとして保有することは、ビジネスにとって極めて重要です。米国などでもビジョン創造の意義についての研究がなされており、拝金主義的な経営目標よりも、社会的公平や個人の尊厳の尊重といったキーワードを保有している企業の方が業績がよいといったような調査結果が出ています（「ビジョナリーカンパニー」等の議論を参考にしてください）。

　このビジョン共有は前述のMOGSTの論理で示したとおり、全従業員のベクトルを同一方向に向けてぶれない経営を推進する際に、極めて有効な方法論となっています。

　ただしマネジメントの世界において、その中長期的なビジョン創造に際し、「理想主義的かつ楽観的で、きれい過ぎる絵を描かないこと」も大切です。

　別な表現を用いるならば、「1年間で、1,000万円かけて、95点の答案（計画）をつくるよりも、1週間で、50万円かけて、60点の答案（計画）をつくり、随時見直す」といったローリングプランの発想を持つべきであり、事業環境変化に的確に対応できるような、現実的なビジョン構築を心がけるべきなのです。

わかりやすく言うと、走り幅跳びと三段跳びの関係のようなものです。現状を精緻に分析したうえで助走を繰り出し、現状からホップし、着地した時点で再度見直しを行い、ステップに踏み出すようなスタンスが大切です。前述したとおり、三段跳びの前提条件は遠くの着地点に砂場があることですが、この砂場の存在こそ、企業であればビジョンに相当するものです。理想論に走ることなく、着地可能な極限のところに自らの事業展開ビジョンを将来展望として設定し、全員で共有していくことがマネジメントの基本です。

3 マネジメントの推進に際して

1 経営学の各要素に着目する

　まず書店に並んでいる平易な経営学の概説書・教科書・ハンドブックのようなものを手に取ってください。民間企業を念頭に置きつつ、①事業の構造、②競争と成長の戦略、③組織設計と組織運営、④組織の中の人間行動、⑤マーケティングの活動、⑥ビジネスモデルとバリューチェーン、⑦コーポレートガバナンスと社会的責任、⑧ソーシャルビジネスと経営の社会性、⑨グループ経営の方法……、そんなことが理路整然と記述されていると思います。

　これらの経営のイロハは、実は介護福祉市場における事業展開でも通用することなのです。各々の事項に触れるだけの紙幅の余裕はありませんが、これらの各要素への着目を怠りなく行うようにしてください。

　そのうえで実際に当てはめ、生かしてみること、そんな試行錯誤が大切です。ウルトラマンが変身するかのようなドラスティックな経営改革など、期待できるはずもありません。すべては「着実な一歩ずつの歩み」なのです。

2 組織のあらゆる階層の人がマネジメントに関与する

　今は上司が部下を評価するだけでなく、部下が上司を評価する時代

です。そして現場にどんどん権限を委譲し（エンパワーメントと言います）、組織の活力と機動力を高めていくことが期待される時代です。

　おそらくすべての業界において、「コストを削減しつつ、サービスの品質を向上させる」ことが求められていますが、これを達成しようとするならば、組織のトップのみならず、組織内のあらゆる立場・階層の人々が、このマネジメントに関与する必要があるはずであり、そのためには前述したようなマネジメントの基礎的な認識と基礎理論を保有・共有している必要があるのです。

　福祉領域を特殊な市場と位置づけることなく、民間企業等との競合にさらされている競争的市場と位置づけ、皆で自らの事業の高度化を図ることが強く求められます。そこにこそ、持続的競争優位構築の原点があるのです。

　組織は「組んで織る」と書きますが、戦略・管理・組織の三要素が織りなす人間行動こそ、マネジメントにほかなりません。細かな手法や枝葉末節の事象に捉われすぎることなく、トップから末端に至るまで、マネジメントの基礎的発想を等しく理解していただくことを願ってやみません。

確認問題

問題1 マネジメントの基本について、次の選択肢のうち不適切なものを1つ選びなさい。

[選択肢]

①「使命→目的→目標→戦略→戦術」の順に事業展開の方法論を検討・確認し、周囲で共有していくことが、マネジメントの基本的事項である。

②「経営7S」という概念は、米国のコンサルティング企業のマッキンゼー・アンド・カンパニーが提唱したものであり、マネジメントの相互関連性と全体像把握の指針を提示したものである。

③短期間に巨利を稼ごうとすることなく、「小さな質を積み重ねて、少しずつ量にしていくこと」が事業展開の鉄則である。

④介護福祉経営においては、同分野の競合相手だけを強く意識し事業展開を行うことが鉄則である。

⑤中長期的なビジョンを創造するにあたり、理想主義的かつ楽観的で、きれい過ぎる絵を描かないようにしていくことも大切である。

確認問題

解答 1 ④

解説 1

①○：MOGSTとは、「Mission（使命）」「Objective（目標）」「Goal（目的）」「Strategy（戦略）」「Tactics（戦術）」というキーワードの頭文字をつなげたものです。

②○：7Sとは、「Shared value（共通の価値観・理念）」「Strategy（戦略）」「Skills（組織能力）」「Structure（組織構造）」「Systems（運営の仕組み）」「Staff（人材）」「Style（経営社風）」のことです。

③○：小さな質を積み重ねて、少しずつ量にしていくという発想は、一見すると保守的とも受け取られがちですが、堅実性こそが安定経営の前提条件です。

④×：異分野の競合相手を認識しつつ事業展開を行うこともマネジメントの基本です。同業他社以外の潜在的なライバルの存在と、その提供する商品・サービスの方法論を注意してみていくことが重要です。

⑤○：事業環境変化に的確に対応できるような、現実的なビジョン構築を心がけるべきです。理想論に走ることなく、着地可能な極限のところに自らの事業展開ビジョンを将来展望として設定し、全員で共有していくことがマネジメントの基本です。

終　章
経営者に求められる資質

1 経営者に必要な3つの事項

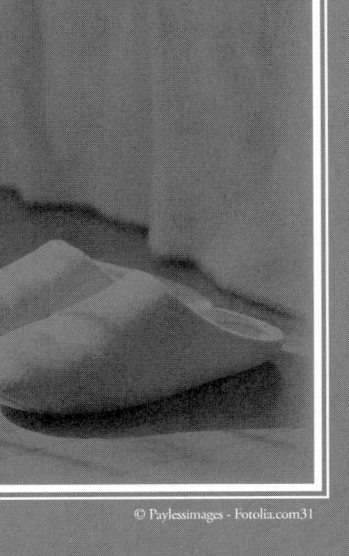

1 経営者に必要な3つの事項

　経営者の役割は、事業体のトップマネジメントを担うことであり、介護福祉経営の良否を決定づけるものは、経営者の資質にかかっていると言っても過言ではありません。そこで、最後に、事業体を率いる経営者に求められる資質とその育成について述べて、本書を終えることにします。

　経営者の資質として、「経営管理者」としてのものと、「企業家」としてのものの両方を含めた専門性が求められます。「経営管理者」に求められるのは、事業体の理念や目標の達成のために事業体を安定的かつ継続的に成長させていく資質であり、「企業家」として求められるのは、新規の事業に果敢に挑戦していく資質です。

　「経営管理者」としては、最低でも、専門的知識、社会人としての常識、意思決定力と組織運営力の3つの事項は必要でしょう。

1　専門的知識

　介護福祉に関する専門知識はもちろんですが、経営全般にわたっての専門知識の取得は必須となります。これらの専門知識は、単なる学問的知識ではなく、自事業体で活用できるに足る実践的知識でなければならないことは言うまでもありません。

　経営全般にわたる専門知識のなかでも、ヒューマンビジネスや人的資源重視という特殊性を持つ介護福祉経営においては、人事管理、労務管理あるいは人的資源管理等は重要な分野です。また介護保険制度前の財務管理に慣れてきた社会福祉法人においては、実践的財務管理

も重要です。

　介護福祉分野で経験の長い人ほど、介護福祉に関する知識、技術を優先し、とかく経営全般についての知識、経験を軽視するケースが多く見られ、介護福祉経営の重要な要件である経済性、法規性、創造性が乏しい場合があります。

　その意味において、医療や介護福祉の分野でも取り入れられているバランスト・スコアカード（Balanced Score Card）の利用は重要なポイントになります。

　これは「財務の視点」「顧客の視点」「業務プロセスの視点」「社員、組織の学習と成長の視点」の4つの視点で構成され、それぞれに「戦略目標」や「業績評価指標」「ターゲット」「具体的プログラム」を設定して整理する手法ですが、これらの有効性を理解した専門知識が要求されます。

2 社会人としての常識

　専門知識は社会人としての常識に裏打ちされていなくてはなりません。それがないと「専門馬鹿」と言われる現象が生じることになります。知将として知られる野村克也氏は、その著書『野村の流儀』（ぴあ）のなかで「人間的な成長なくして技術的な進歩なし」と述べていますが、介護福祉経営の経営管理者にも通じる言葉であると思われます。

　また元日本福祉大学教授で医師の田原孝氏は、経営管理者に関し「専門性と一般性」の関係を示した「富士山モデル」という理論を発表しております。これは**図表4-1**でもわかるように、介護福祉や医療における個人やチームの専門性は、個人の社会性や教養および倫理性や道徳性の上に成長するものであり、その基盤がない個人やチームは現実や変化する状況に柔軟に対応し、自ら活性化することはできないというものです。

　特に、介護福祉や医療分野でのチーム介護や医療の実践においては、

図表4-1 ●専門性と一般性（富士山モデル）

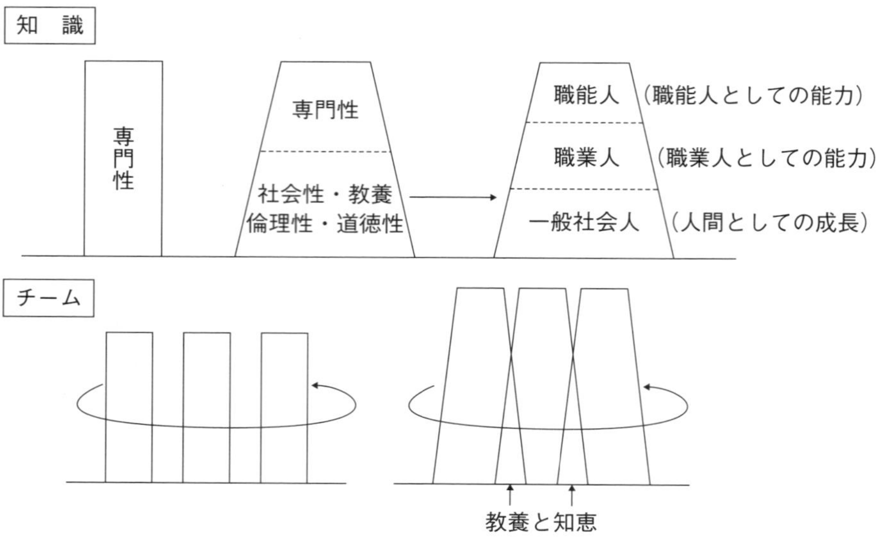

知識

専門性／社会性・教養・倫理性・道徳性／職能人（職能人としての能力）／職業人（職業人としての能力）／一般社会人（人間としての成長）

チーム

教養と知恵

　異分野の専門性を結合するのは、専門性ではなく富士山の裾野である社会性等の部門の重なりによって完成するというものです。

　言葉を換えれば、経営学的な知識は、個人の社会性や教養等に裏づけられていなければ意味を持たないというものです。したがって、経営管理者としては、介護福祉経営とは関係のない分野にも興味を持ち、参加して、一般社会人としての質の向上に努めることが必要です。これらは専門知識の裏づけになるだけでなく、さまざまな人との出会いにより、知識の幅を広げることにより、異なった角度からの思考にもつながります。

3 意思決定力と組織運営力

　経営管理者の資質あるいは育成に関し、最も時間がかかり難しいのが経営管理者としての「意思決定力」と「組織運営力」の問題です。これらは介護福祉経営において最も重要な問題であり、この良否が経営体の行く末を決定づけるため、二つの能力の強化は急務です。

意思決定力、組織運営力は、学問的知識が豊かであってもその力を備えられるものではなく、経営を取り巻くさまざまなリスクに対処し、階層を昇りながら育成されるものと考えられます。

　二世経営者が失敗するケースが多いのは、この資質を欠くにもかかわらず、それを無視して経営者に就任させた結果とも言えます。

　「経営管理者」として求められる資質がどちらかといえば「保守的」であるのに対し、「企業家」としてのそれは「革新的」なものであると言えます。オーストリアの経済学者J.A.シュンペーターが「利潤は、経済の発展過程にのみ生じてくるもので、この経済発展をもたらすものは、企業家の創造的な意志過程である」と言ってその重要性を指摘しているように、経営者は時として「経営管理者」としての思考を超え、「企業家」として、経営改革を行ったり、新しい分野に進出し、企業価値の創造に挑戦しなくてはなりません。

　しかし、創造的資質は多分に個人の特性によるところが多く、「企業家」を決まった方法で育成することは困難と思われます。この問題に対処するためには、経営者候補の人選の段階から「企業家」としての資質を有している者を見い出すべく、さまざまな挑戦の機会を与えていくことが必要となります。

　経営者としての資質は、「経営管理者」としてのものであれ、「企業家」としてのものであれ、一朝一夕では習得できません。経営者たらんとする者は、本人がその役割を明確に意識し、たゆみない努力を積み重ねていくことが必要です。また、経営者は、自らが率先して研鑽を積むとともに、常に後継者の育成に意を用いなければなりません。「夜が明けるから、目が覚めるわけではない。目が覚めるから夜が明けるのである」(田原孝氏)との言葉があります。これは、人は「意識することから、すべてが始まる」ということを意味しています。

　結局、経営者あるいは経営者候補は、本人がどれだけ経営者としての役割や資質について意識しているかが重要です。意識し、その実現のために実践を通じ「切磋琢磨」を持続すること、それが将来への道を開くカギとなります。

MEMO

MEMO

MEMO

● 編著者プロフィール

● 編者・著者(序章・第2章)

宇野　裕(うの・ひろし)

日本社会事業大学　専務理事
1977年、東京大学法学部卒業。同年、厚生省(現厚生労働省、以下同)入職、年金局年金課に配属。1979年、大蔵省主計局調査課、1987年、外務省在スウェーデン日本国大使館一等書記官。1992年、厚生省社会・援護局施設人材課福祉人材確保対策室室長。1998年、内閣官房内閣外政審議室内閣審議官。1999年、厚生省社会・援護局保護課長、2001年、同援護企画課長、2002年、同総務課長。2003年、独立行政法人福祉医療機構審査役。2004年、社会保険庁総務部総務課長。2005年、社会保険大学校校長。2007年から現職。
著書に『職業としての福祉』(中央法規出版)、『介護の経済学』(共著、東洋経済新報社)など。

● 著者(第1章・終章)

栗原　徹(くりはら・とおる)

社会福祉法人エスポワールわが家　理事長
1959年、岡山大学法文学部卒業。1960年、日本信販株式会社(現三菱UFJニコス)入社。1991年までに監査役、取締役、常務取締役、専務取締役を歴任。1991年、株式会社エイチアンドデイ(経営コンサルテング業)を設立。主として外資企業のコンサルテング業に従事。1999年、社会福祉法人エスポワールわが家を設立し、理事長に就任。認知症高齢者のデイサービス、グループホームの経営に従事(社会福祉士、精神保健福祉士、認定心理士を取得)。2005年、日本福祉大学通信教育部経済学部経営開発科卒業。2010年、日本社会事業大学大学院福祉マネジメント研究科修了(福祉マネジメント修士)。2006年から日本福祉大学非常勤講師。
著書に『革命的福祉経営戦略』(文芸社)。

● 著者(第3章)

櫻澤　仁(さくらざわ・ひとし)

文京学院大学総合研究所　所長、経営学部　教授
1981年、明治大学大学院経営学研究科修了。1981年、株式会社三菱総合研究所入社。同社産業経済部研究員を経て、1988年、静岡学園短期大学経営情報科助教授。1992年、文京女子大学経営学部助教授、1995年、同大学経営学部教授。1997年4月〜1998年3月、英国レディング大学客員研究員。日本社会事業大学専門職大学院講師、静岡県自治研修所講師、東京ニュービジネス協議会ベンチャー創出委員会副委員長、株式会社PEER相談役等。
著書に『シリーズ世界の企業　エレクトロニクス』(共著、日本経済新聞社)、『オイシイ会社の選び方』(コスモの本)、『オイシイ会社アブナイ会社』(大和出版)、『新経営学教科書』(共著、学文社)、『経営学のフィールド・リサーチ』(共著、日本経済新聞社)など。

● 総監修者プロフィール　　　　　　　　　　　　　　　　　　　　　　　　　(50音順)

江草安彦（えぐさ・やすひこ）

社会福祉法人旭川荘名誉理事長、川崎医療福祉大学名誉学長

1926年生まれ。長年にわたり、医療・福祉・教育に従事、医学博士。旧制広島県立福山誠之館中学校卒業後、岡山医科大学付属医科専門部（現・岡山大学医学部）に進学し、勤務医を経て総合医療福祉施設・社会福祉法人旭川荘の創設に参加、85年より旭川荘の第2代理事長となる。現在は名誉理事長。川崎医療福祉大学学長（～03年3月）、川崎医療福祉大学名誉学長および川崎医療福祉資料館館長（現在に至る）。00年、日本医師会最高優功章受章、01年保健文化賞、06年瑞宝重光賞、09年人民友誼貢献賞など受賞多数。

大橋謙策（おおはし・けんさく）

公益財団法人テクノエイド協会理事長、元日本社会事業大学学長

1943年生まれ。東京大学大学院教育学研究科博士課程修了。日本社会事業大学教授、大学院研究科長、社会福祉学部長、社会事業研究所長、日本社会事業大学学長を経て、2011年より現職。埼玉県社会福祉審議会委員長、東京都生涯学習審議会会長等を歴任。著書に、『地域社会の展開と福祉教育』（全国社会福祉協議会）、『地域福祉』『社会福祉入門』（ともに放送大学教育振興会）、『地域福祉計画策定の視点と実践』（第一法規）、『福祉21ビーナスプランの挑戦』（中央法規出版）ほか。

北島政樹（きたじま・まさき）

国際医療福祉大学学長

1941年生まれ。慶應義塾大学医学部卒。外科学（一般・消化器外科）専攻、医学博士。慶應義塾大学名誉教授。Harvard Medical School、Massachusetts General Hospitalに2年間留学。杏林大学第一外科教授、慶應義塾大学病院副院長、院長、医学部長を経て名誉教授。国際医療福祉大学副学長、三田病院院長を経て国際医療福祉大学学長（現職）。英国王立外科学会、アメリカ外科学会、イタリア外科学会、ドイツ外科学会、ドイツ消化器外科学会、ハンガリー外科学会名誉会員およびポーランド外科学会名誉会員。New England Journal of Medicine、World Journal of Surgery、Langenbeck's Archives of Surgeryなどの編集委員。ブロツワフ大学（ポーランド）、センメルワイス大学（ハンガリー）名誉医学博士。

介護福祉経営士テキスト　実践編Ⅰ-1
介護福祉経営概論
生き残るための経営戦略

2012年11月1日　初版第1刷発行

編著者　宇野　裕
発行者　林　諄
発行所　株式会社　日本医療企画
　　　　〒101-0033　東京都千代田区神田岩本町4-14　神田平成ビル
　　　　TEL. 03-3256-2861（代）　http://www.jmp.co.jp
　　　　「介護福祉経営士」専用ページ　http://www.jmp.co.jp/kaigofukushikeiei/
印刷所　大日本印刷株式会社

Ⓒ Hiroshi Uno 2012, Printed in Japan　ISBN 978-4-86439-094-1 C3034　定価は表紙に表示しています。
本書の全部または一部の複写・複製・転訳載の一切を禁じます。これらの許諾については小社までご照会ください。

これからの介護・福祉事業を担う経営"人財"
介護福祉経営士テキスト　シリーズ全21巻

総監修

江草 安彦　社会福祉法人旭川荘名誉理事長、川崎医療福祉大学名誉学長
大橋 謙策　公益財団法人テクノエイド協会理事長、元日本社会事業大学学長
北島 政樹　国際医療福祉大学学長

【基礎編Ⅰ】テキスト（全6巻）

1	**介護福祉政策概論**——介護保険制度の概要と課題	和田　勝　国際医療福祉大学大学院教授
2	**介護福祉経営史**——介護保険サービス誕生の軌跡	増田雅暢　岡山県立大学保健福祉学部教授
3	**介護福祉関連法規**——その概要と重要ポイント	長谷憲明　関西国際大学教育学部教授・地域交流総合センター長
4	**介護福祉の仕組み**——職種とサービス提供形態を理解する	青木正人　株式会社ウエルビー代表取締役
5	**高齢者介護と介護技術の進歩**——人、技術、道具、環境の視点から	岡田　史　新潟医療福祉大学社会福祉学部准教授
6	**介護福祉倫理学**——職業人としての倫理観	小山　隆　同志社大学社会学部教授

【基礎編Ⅱ】テキスト（全4巻）

1	**医療を知る**——介護福祉人材が学ぶべきこと	神津　仁　特定非営利活動法人全国在宅医療推進協会理事長／医師
2	**介護報酬制度／介護報酬請求事務**——基礎知識の習得から実践に向けて	小濱道博　介護事業経営研究会顧問
3	**介護福祉産業論**——市場競争と参入障壁	結城康博　淑徳大学総合福祉学部准教授／早坂聡久　社会福祉法人柏松会常務理事
4	**多様化する介護福祉サービス**——利用者視点への立脚と介護保険外サービスの拡充	島津　淳　福田　潤　桜美林大学健康福祉学群専任教授

【実践編Ⅰ】テキスト（全4巻）

1	**介護福祉経営概論**——生き残るための経営戦略	宇野　裕　日本社会事業大学専務理事
2	**介護福祉コミュニケーション**——ES、CS向上のための会話・対応術	浅野　睦　株式会社フォーサイツコンサルティング代表取締役社長
3	**事務管理／人事・労務管理**——求められる意識改革と実践事例	谷田一久　株式会社ホスピタルマネジメント研究所代表
4	**介護福祉財務会計**——強い経営基盤はお金が生み出す	戸崎泰史　株式会社日本政策金融公庫国民生活事業本部融資部専門調査役

【実践編Ⅱ】テキスト（全7巻）

1	**組織構築・運営**——良質の介護福祉サービス提供を目指して	廣江　研　社会福祉法人こうほうえん理事長
2	**介護福祉マーケティングと経営戦略**——エリアとニーズのとらえ方	馬場園　明　九州大学大学院医学研究院医療経営・管理学講座教授
3	**介護福祉ITシステム**——効率運営のための実践手引き	豊田雅章　株式会社大塚商会本部SI統括部長
4	**リハビリテーション・マネジメント**——QOL向上のための哲学	竹内孝仁　国際医療福祉大学大学院教授／医師
5	**医療・介護福祉連携とチーム介護**——全体最適への早道	苛原　実　医療法人社団実幸会いらはら診療所理事長・院長
6	**介護事故と安全管理**——その現実と対策	小此木　清　弁護士法人龍馬　弁護士
7	**リーダーシップとメンバーシップ、モチベーション**——成功する人材を輩出する現場づくりとその条件	宮野　茂　日本化薬メディカルケア株式会社代表取締役社長

※タイトル等は一部予告なく変更する可能性がございます。